第2辑

北大教授茶座

杨辛 题

宁琦 主编

北京大学学生工作部 组编

北京大学出版社
PEKING UNIVERSITY PRESS

图书在版编目(CIP)数据

北大教授茶座. 第 2 辑/北京大学学生工作部组编;宁琦主编. —北京:北京大学出版社,2022.10

ISBN 978-7-301-33216-0

Ⅰ. ①北… Ⅱ. ①北… ②宁… Ⅲ. ①社会科学—文集 Ⅳ. ①C53

中国版本图书馆 CIP 数据核字(2022)第 142852 号

书　　　名	北大教授茶座(第 2 辑) BEIDA JIAOSHOU CHAZUO(DI-ER JI)
著作责任者	北京大学学生工作部　组编　宁　琦　主编
责 任 编 辑	武　岳
标 准 书 号	ISBN 978-7-301-33216-0
出 版 发 行	北京大学出版社
地　　　址	北京市海淀区成府路 205 号　100871
网　　　址	http://www.pup.cn
新 浪 微 博	@北京大学出版社　　@未名社科-北大图书
微信公众号	ss_book
电 子 信 箱	ss@pup.pku.edu.cn
电　　　话	邮购部 010-62752015　发行部 010-62750672 编辑部 010-62753121
印 刷 者	北京中科印刷有限公司
经 销 者	新华书店
	880 毫米×1230 毫米　A5　9.25 印张　180 千字 2022 年 10 月第 1 版　2022 年 10 月第 1 次印刷
定　　　价	69.00 元(精装)

未经许可,不得以任何方式复制或抄袭本书之部分或全部内容。
版权所有,侵权必究
举报电话: 010-62752024　电子信箱: fd@pup.pku.edu.cn
图书如有印装质量问题,请与出版部联系,电话: 010-62756370

编委会

北京大学学生工作部　组编

主　　　编：宁　琦
副 主 编：王逸鸣
执 行 主 编：高　静　田　丽　朱俊炜
执行副主编：张晓伟　李江涛　张丽晨
编辑委员会：（按姓氏笔画排列）

王子涵	王祎勋	王艳超	文云昊	卢裕蕙
司　哲	师倩倩	刘　倩	刘天怡	刘芸芸
刘武铭	孙　启	孙巧智	孙雅馨	李金东
李晓鹏	李嘉欣	李嘉敏	李睿璇	杨　雪
杨　璨	吴平凡	邱文治	张　弛	张　莹
张晓媛	张赫宇	郑莉娇	赵婧涵	姜瑞雯
贾　璇	高子妍	高子晴	高幼丰	高国丽
唐姆嘉	黄　艳	曹玉鸽	葛　戈	漆袁雯
戴玉娇	鞠　晓			

序　言

在庆祝中国共产主义青年团成立100周年大会上，习近平总书记深刻指出："青春孕育无限希望，青年创造美好明天。一个民族只有寄望青春、永葆青春，才能兴旺发达。"做好青年工作是事关党和国家前途命运的重大战略任务，事关党和人民事业发展后继有人这个根本大计。党的十八大以来，以习近平同志为核心的党中央高度重视青年、热情关怀青年、充分信任青年，围绕青年工作提出了一系列新理念、新思想、新观点，系统回答了做好青年工作的方向性、根本性、战略性、全局性问题，为新时代做好青年工作提供了根本遵循。

当代中国正经历着我国历史上最为广泛而深刻的社会变革，也正进行着人类历史上最为宏大而独特的实践创新。当代青年是与新时代共同前进的一代，广大青年既拥有广阔发展空间，也承载伟大时代使命，是国家发展进步的重要战略力量。北京大学坚持以习近平新时代中国特色社会主义思想为指引,把习近平总书记关于青年工作和高校工作的重要论述精神融入血脉,准确把握时代特点、勇于直面时代课题,充分探索并遵循学生成长成才规律,推动教学改革创新,不断完善人才培养体系,全方位抓好党的青年工作。

立德树人是高校的立身之本。习近平总书记强调:"要把立德树人融入思想道德教育、文化知识教育、社会实践教育各环节。"北京大学始终牢记为党育人、为国育才的光荣使命,坚持把立德树人作为中心环节,深入挖掘学校优质教学资源,充分发挥北大学科人才优势,把思想政治工作贯穿教育教学全过程。"北大教授茶座"项目邀请知名教授与青年学生分享成长经历、共话科学精神和人文素养,是北京大学重要的校园文化品牌活动,也是学校进一步健全多维度、宽口径、厚基础的"三全育人"体制机制的有力举措,是拓展"大思政"格局的一次重要探索。

习近平总书记指出:"教师不能只做传授书本知识的教书匠,而要成为塑造学生品格、品行、品味的'大先生'。"学以养德、学以增智、学以致用,"北大教授茶座"注重发挥教师积极性、强调学生主体性、突出师生互动性、彰显品牌示范性,将价值塑造、能力培养、知识传授"三位一体"的教育理念贯穿其中,"用问题答问题""用人生谈人生",在传道授业解惑的师生互动过程中凝聚青年、教育青年、引领青年。

发挥教师积极性,强化"人生导师"的功能。习近平总书记在北京大学考察时提出,建设政治素质过硬、业务能力精湛、育人水平高超的高素质教师队伍是大学建设的基础性工作。"北大教授茶座"邀请的主讲教师都是具有深厚家国情怀、扎实理论功底和卓越教学能力的专家教授。他们与学生面对面、心贴心地交流,与学生分享自己的人生经验和励志故事,将精心设计、精彩内容、精湛讲授相结合,在潜移默化中发挥价值引领和思想传导功能,让学生在知识的海洋和思政的光芒中倾听受教、健康成长。

强调学生主体性,提升学生的获得感。"学生为本、重在育人、内容为王、问题导向"是"北大教授茶座"的重要教育理念。一方面,"北大教授茶座"注重因人制宜,注重"滴灌滋养"的思想政治教育过程,坚持围绕学生、关照学生、服务学生,把握学生的认知规律和接受特点,引导学生发现问题、分析问题、解决问题。另一方面,"北大教授茶座"强调因材施教的育人理念,教师讲授要与学生的思想需求密切结合。在"北大教授茶座"中,学生既可以得到课业学习、职业发展的专业建议,也可以得到人际关系、心态调适的经验之谈,还可以得到人生理想、社会责任的方向指引。学生们带着"问题"自愿而来，也带着"答案"如愿而归。

突出师生互动性，深化互动对话作用。与传统思政课相比，坚持互动对话的教学模式是"北大教授茶座"吸引学生的重要特点。"北大教授茶座"面向全校学生开放、自愿报名参加，采取"小班课"研讨模式，每期仅有20位同学现场参加，确保师生充分互动。正如林毅夫教授所言："对话是交流思想最好的方式……其优点在于老师可以清楚学生是否理解和接受自己的观点，同时能实时了解学生们的疑问、反馈和最关心的问题，从而进一步阐述、修正、完善自己的观点和教学内容。"通过定制化、个性化的对话交流，学生们能够近距离聆听师长教诲、领略大家风范、领悟人生智慧，进一步增强科学精神和人文素养、体会青年成长与责任担当。

彰显品牌示范性，增强辐射带动作用。"北大教授茶座"不仅仅要让北大学生受益，更要让教授的智慧箴言与人生寄语惠泽社会、启发世人。自2014年3月25日启动以来，已有包括两院院士和长江学者在内的106位知名教授做客"北大教授茶座"。"燕园学子微助手"微信平台定期推出"北大教授茶座"相关内容介绍。2016年《北大教授茶座（第1辑）》出版，让更多人从北大教授与优秀学子围绕学业规划、职业选择、人生价值、社会发展等话题进行的思维碰撞与观念交流中汲取精神营养。

《北大教授茶座（第2辑）》即将出版。这是一本具有深厚积淀的"文化书"，教授们立足中国大地，传播文明基因，以不同学科背景和特有讲述方式向大家生动阐释了中国特色社会主义文化的精髓。这也是一本娓娓道来的青年"成长书"，详细记录了教授们分享成长经历、传递人生智慧过程中的点滴故事，彰显了教授们乐教善教、潜心育人的爱国情怀、科学素养与人格魅力，也展示了当代北大青年在老一辈专家学者的学术思想和人格魅力光辉照耀下，扛起责任与担当，练就过硬本领，去更广阔舞台建功立业的成长故事。

希望新时代的青年牢记嘱托、向阳生长，砥砺政治品格。青年是社会发展的有生力量、新鲜血液，是中华民族伟大复兴历史征程上的生力军。习近平总书记深刻指出："青年一代有理想、有本领、有担当，国家就有前途，民族就有希望。"青年朋友们要筑牢理想信念之基，坚定马克思主义信仰，坚定共产主义和社会主义理想，增进政治认同、思想认同、理论认同、情感认同，切实做到学、思、用贯通，知、信、行统一，主动担当起党和人民赋予的历史重任。

希望新时代的青年脚踏实地、向下扎根，锤炼过硬本领。学习应该是全面的、系统的、富有探索精神的。

广大青年要把学习作为一种追求、一种爱好、一种健康的生活方式,做到自觉学习、主动学习、终身学习。当今世界面临百年未有之大变局,国际环境错综复杂,青年学子应主动顺应学科交叉融合趋势,既要抓住学习重点,也要注意拓展学习领域,努力成为具有中国情怀、世界眼光、国际视野的高素质复合型人才,在基础研究、关键技术等领域矢志服务国家战略。

习近平总书记曾深情寄语北大青年:"时间之河川流不息,每一代青年都有自己的际遇和机缘,都要在自己所处的时代条件下谋划人生、创造历史。"青年是国家的未来,中华民族伟大复兴的中国梦终将在一代代青年的接力奋斗中变为现实。希望广大青年踔厉奋发、勇毅前行,有逢山开路、遇水架桥的锐气,不畏险阻、奋勇搏击的硬气,敢为人先、独占鳌头的志气,勠力同心、接续奋斗、凯歌前行,在实现中国梦的生动实践中放飞青春梦想,书写出无愧于时代的壮丽篇章!

北京大学党委书记
郝 平
2022 年 9 月 23 日于燕园

目录

- 001　通识教育与跨学科研习／白建军
- 019　大学里的师生关系／程朝翔
- 039　探索与人生／韩茂莉
- 063　你自己的人生／李　彦
- 097　理论创新与当代青年人的使命／林毅夫
- 127　人生、社会与自己／钱乘旦
- 149　"我的北大情结"／王缉思
- 169　超越绩点／文东茅
- 189　夜空中最亮的星／吴学兵
- 215　谈创新创业／吴志攀、杨　岩
- 235　交叉学科的视野和科研实践／郑晓瑛
- 259　真理与创造力／朱青生

通识教育与跨学科研习

白建军

白建军，北京大学法学院教授，北京大学教学成就奖获得者，曾获嘉里集团郭氏基金树人奖教金。曾任北京大学实证法务研究所主任，北京大学金融法研究中心副主任，国家法官学院兼职教授。主要研究领域包括法律实证分析方法、犯罪学、刑法学、金融犯罪，在国内法学界最早从事量化分析实证研究。在《中国社会科学》《中国法学》《法学研究》《中外法学》等核心学术期刊独立发表学术论文数十篇。

人人都有过我之处
我与人人都不同。

融会通浃，牢筑人生底盘

白建军：我先和大家分享几个学生的故事。第一个学生是修信科双学位的法学院本科生，他是很典型的法律和计算机专业融合的例子。在法学领域，裁判文书是非常重要的法学资源，但它是以海量自然语言文本的形式呈现的，因此我在思考怎么能更好地利用这种法学资源。案例是法制的细胞，这小小的判决书里囊括了立法、司法、守法程序，实体，控方，辩方，判决，证据，事实等内容，包含一些肉眼看不见的共性和规律。千万份判决书背后，存在着一些法官不约而同的做法，其中必有其合理性，关键在于如何把合理性挖掘出来，如何通过大量事实去发现背后的规律。最早我组织学生看裁判文书，但是学生的时间越来越少，裁判文书的量越来越大，我想到可以使用计算机阅读电子裁判文书，将反复出现的表述提取出来，发现其中的规律。比如量刑规范化的问题，没有哪个法条规定应该从重判决还是从轻判决，因为每一个罪名的量刑幅度是不一样的，所以有人将量刑幅度的中间线称为"法定刑中线"，量刑在中线以上称为从重，在中线以下称为从轻。但我对这个观点持怀疑态度，就想用计算机设计程序去读取大量的判决书，对大样本进行实证分析，测算出大部分常见犯罪实际量刑的平均水平，法学术语是"裸刑均值"。通过分析，我发现几万份样本的裸刑均值普遍低于法定刑中线。也就是说，整个量刑幅度，不管是三至十年、三至十五年还是三年至死刑，量刑的平均水平都是法定幅度的下 1/3 处。案件量刑到了 1/3 以上一般称为从重，在 1/3 以下一般称为从轻，这是全国各地几万名法官集体的平均选择。这种规律靠肉眼是找不到的，必须要借助计算机的帮助。法学院并没有与计算机相关的课程，几乎没有人会写程序，然后我就想到了我的这个学生。我先给他布置了一个小作业，让他用计算机程序比较《红楼梦》各章节文本的区别。他很快就写了一个程序，我随机地把几十回的内容装进去，程序将它们分成了两类：第一类绝大部分内容是在前八十回，第二类绝大部分内容是在后四十回。《红楼梦》后四十回和前八十回是两个人所写，虽然高鹗尽量模仿曹雪芹的表达和修辞习惯，但还是被计算机识别出统计意义上的显著区别。也就是说，电脑程序能读自然语言，能够识别出不同的语言风格，连《红楼梦》都可以，那么判决书更可以被识别出来了。最后，在我们实际用计算机去分析判决书的内在规律时，还是存在缺陷的，虽然大部分信息可以被提取出来，但还是有很多东西是抓不出来的，用肉眼察看却可以发现其中的区别，这是个难题。现在我发的很多文章其实都是对裁判文书中的这些法律大数据（最开始叫法律大样本）的利用。这就是跨学科发挥才能的一个例子。

第二个学生是跟着我做研究的一个博士生，她对于实证分析、量化分析、统计分析这些方法都掌握得很熟练，在读期间还在《法学研究》发表了文章，这是很不容易的，而且她还获得了"中华法学硕博英才奖"一等奖，我想取得这些成绩光靠纯法学知识是不够的。她在一项研究中，运用了法学、计算机和统计学知识，发现了故意杀人罪的量刑规律。杀人罪不一定都判死刑，什么样的情况得偿命，什么样的情况可以判死缓，什么样的情况可以判无期，什么样的情况可以判有期，这个学生能够用量化的方法区分出什么情况该怎么判。无论是法院的人还是我们法学教授都高度认可这篇文章，因为她既发现了一些背后的规律，又提出了非常实用的建议。这也是一个跨学科的例子。

北大还有一位"学生"，自己在北大教书，但是同时经常去听其他院系老师开的课。比如说"什么是科学"这门课就是请计算机、生物、物理等不同学科里有名的学者来讲课。有一次杨振宁来上课，没有座位，这个"学生"就蹲在窗台边听，旁边一个学生问："你不是讲'犯罪通论'的白老师吗？"我说的这个学生就是我自己。我那时候快六十岁了，已经是教授了，虽然自己也给学生上课，但是我听别人的课还是觉得很有收获。去看看别人怎么讲课，看看别的学科是什么样的，对我的教学都很有帮助。

通过这几个学生的故事，我想表达：通识教育、跨学科研习有非比寻常的意义，有利于解决重大复杂科学问题和社会问题。什么样的金字塔能建得最高？当然是底盘最大的金字塔建得最高，唯一决定金字塔高度的变量就是底盘的大小。而底盘是什么，这和我们今天说的通识教育和跨学科这个话题是有关系的。把"底盘"拆开来讲，大概是三层意思。

兴趣盎然，融合跨科思维

白建军：第一层意思指的是你的学科跨度，每个人除了自己的"主饭碗"，还需有一块"自留地"。至少从法律层面来说，如果你不理解婚姻的概念就很难知晓婚姻法中蕴含的道理，所以一定要了解自己学科的布局，学会组织自己的知识。知识有三个层次：第一层是每一门专业课具体的知识；第二层是如何获得知识的知识，通常就是各种学科的研究方法、一般性的研究方法，即方法论的支持；层次最高的第三层是如何组织知识的知识，即把头脑中的各种知识有机地融合起来，恰到好处地运用到问题的发现和解决上，这其实是最难的。实际上做到这一点的人就已经达到了一定境界，不再需要讨论通才和专才的关系了。

在大学期间，你要想达到这个境界，起码得有可组织的知识，文科、理科、跨学科的东西了解得越多越好。我刚刚讲的第二个成功的跨学科案例就是实证研究，实际上是法律、统计和计算机三者的跨学科。我自己写不出计算机代码，但是可以去找集中了各种层次"码农"的法律数据公司。很少有能够把法律知识和计算机知识糅合在一块讲得比较明白的人才，现在各大法学院都想开设这门课，但是发现很难成功。其实将来这也是个生长点，不论是法律和计算机，还是你的本专业和其他学科，只要有一个项目做得比较好，而且两个学科糅合得比较自然，你就是两个领域中不可多得的专家。学科交叉点往往就是科学新的生长点，这里最有可能产生重大的科学突破。实际上没有真正意义上典型的通才或者专才，真正的通才知道自己该去找哪方面的专才合作，反过来说，专才也应该知道自己该融合到哪个学科的框架当中，去找到自己的位置。目前很多情况只是把两个学科的课程加在一起，简单做了加法，比如说环境化学，如果只是去学一学化学，然后再去学一学环境的知识，这仅仅是一种加法。简单加法会让知识变成"两层皮"，并没有实现一种纵向的融合。我们做了实证研究之后，很多学生想模仿这种方式写论文，既用了法律的规范学方法，又用了实证研究方法。最后如何判断那篇论文是不是简单加法，标准就是去掉某一部分内容之后原来的内容是否还成立。如果还成立，说明这只是简单加法；反之，如果拿掉一部分内容之后大的逻辑链条断了，这种就叫作深度融合。

学生： 刚刚您提到了关于跨学科学习的一些经验，我们在进行跨学科学习的时候，要思考的不仅仅是对不同学科知识的学习，更重要的是进行不同学科的思维范式、思维习惯的训练。但是大多数学生在学习的过程中，更注重的是具体知识的掌握，忽视了自身已经掌握的思维习惯的优势。那么，怎样用更好的方式来发挥自己的潜力，即使在知识结构有很大区别的学科上，也能拥有融会贯通的能力？

白建军：如何做到深度融合，更多的还是要从问题出发。问题是最好的导师，跟着问题走，多半都会融合得比较好。这是多种方法之一，还会有其他一些选择。总之，纵向的深度融合真的很重要。我们在进行跨学科学习的时候，要思考的不仅仅是对不同学科的知识的学习，更重要的是让自己在不同学科的思维方式上有一种融会贯通的感觉，在一个学科上得到一些启发，然后运用到其他学科上去。因为不同学科在知识结构上虽然有很大的区别，但在本质的思想源泉上是具有共通性的。要学会联想，学会尝试用一个学科的眼光去解读另一个学科的问题。比如很多人都在修经济学双学位，如果你是法学院的学生，当你读经济学的时候就要想一想这个经济学问题在法律世界中是什么问题；当你从经济学院来读法律的时候，你也要想想如何用经济学的观点、概念和原理来解释这个法律现象。给自己提出这样的问题，然后解决这个问题，这就是读双学位最大的好处，否则读经济的时候把法律的知识放在一边，读法律的时候把经济的知识放在一边，只是想着怎样才能考高分，这就算白读了。

跨学科取得成功的例子很多。比如现代刑法学之父贝卡里亚，他的专业背景兼及法律和经济学，他把经济学的观点用到了法律中，提出罪刑要均衡，多重的罪要判多重的刑，二者之间要有数量关系和阶梯关系，这就是一种经济学思维在法学中的体现。犯罪学之父龙勃罗梭其实是学医的，他最初被分配到军队做军医，后来军队不打仗了，他就到监狱里做狱医。他通过研究杀人犯的颅骨并进行统计分析，发现凶恶的暴力犯罪的罪犯的颅骨、颅相等很多生物学的遗传学特征在统计学意义上有着显著的差异，所以他就提出了天生犯罪论，认为罪犯是天生的，是人类隔代遗传的产物，他们在生理、心理或体质等方面与正常人不同，这种人的犯罪是自然的、不可避免的，不论其社会生活条件好或坏都会成为犯罪者。龙勃罗梭是医生，是一个生物学家，又一脚跨入了犯罪学，成了犯罪学之父。

学生：跨学科学习选择哪个学科去"跨"最好？是"跨"得越远越好，还是越近越有用？

白建军：这个问题我没法回答，但是可以提供一个建议：在选择你的第二学位或者进行跨学科学习时，兴趣是最重要的。理论上说，问题应该是最重要的，比如我20世纪90年代做了法律和金融的跨学科研究，出了两本关于金融犯罪的书。我当初做这个不是因为对金融感兴趣，而是出于问题意识。90年代中期中国的金融领域存在一定风险，短时间内成立了很多公司，需要大量的流动资金，于是就出现了各种问题，但是中国金融牵扯到千家万户，不能乱，是这个问题逼着我去展开这个领域的研究的。刚开始做的时候，我的朋友都不理解我为什么要研究金融犯罪，他们说我应该搞犯罪预防控制、维护公平正义。我说那些大问题有人去做，我就研究些小问题。没想到现在很多律师专门为金融犯罪辩护，出现了很多书、培训班和相关专业，金融犯罪这个话题养活了很多人，这就是跨学科成功的一个例子。所以说，跨学科理论应当是问题导向的。但是我更强调的一点就是兴趣，你跟着兴趣走，一定会对得起自己。如果因为别人都在选某个学科或者专业，觉得自己不选好像就不行，硬选一个自己不太感兴趣的，这是很悲哀的。其实上大学不是发现未知的知识，而是发现自己，最核心的任务就是发现自己到底爱什么。教育不是灌输，除了要给学生传授知识，也要唤醒学生已知的东西，这就是启发式教学。大学教师最难的任务就是面对知识层次不同的学生，把深奥的东西变得让大家都能听懂，这也是我的追求。我在"犯罪通论"课上讲的那些例子和段子，其实都是事先设计好的，将概念慢慢转化成大家都能理解的知识，即一步一步地把学生引到一个他一定能理解的概念上去，直到快退休了我才慢慢体会出这么一种方法。要跟着自己的兴趣走，跟着自己的感觉走，你要相信自己内心深处一定有一座金矿，只是可能现在还没有找到。但是很多学生都念到博士了，还不知道自己那座金矿在哪儿，这很可惜,很多博士二年级的学生到写论文的时候甚至还不知道该写什么好。实际上,写论文是最享受的,做研究是一种乐趣,你们一定要找到自己的兴趣所在,让兴趣带领自己跨出本学科去找寻更广阔的天地,不论文理都是这样。

航海梯山,履践方能致远

白建军:所谓底盘大的第二层意思,不仅是指你掌握的知识跨度大,还包括大跨度的亲身体验和实践。我在大学里见过双学位、三学位的学生,甚至见过四科的博士,但是我觉得他们不一定是跨学科人才,是不是跨学科人才要看有没有做过这一行业的经验,是否做到了力学笃行。我从北大附中毕业后就去插队了,在农村待了七年。当时并不是被撵到外面就业去了,而是真的有一腔热血,梦想到了乡下用我们的科学技术、育种知识来提高土地产量,改变乡下贫穷的状况。但是我连干了七年,从生产队长做到大队书记再到公社副书记,那个地方还是没什么变化,"山还是那座山,梁也还是那道梁"。当时让我最想不明白的一件事就是每家自留地的粮食都比生产队的地种得好。相当于我用七年的时间做的都是想象中的东西,自己觉得应然的东西实际上不是这样。后来我回北大念书了,还经常回农村去看看,惊奇地发现土地产量提高了,人民生活也好了。发生这么大变化的原因就是改革开放,改革顺应了经济发展的客观规律。我们一腔热血干了那么多年，土地不长粮食，产量还是那么低，但是政策一变，劳动经营服从了规律，情况就改善了。所以这也对我做实证研究有很大的影响，我知道了很多事物不一定会按照设想的路线发展，必须服从它实际的发展规律，只有顺着规律走，才可能在一定程度上实现心中的应然。如果没有这种大跨度的实践体验，没有花七年得出的这个感受，我做实证研究大概也没有什么基础。所以真的要多去感受、多去尝试，只有亲身体验才能更容易发现事物的本质和发展规律。不论成功失败都是弥足珍贵的人生财富。

学生：现在法学研究大多是在吸收、应用其他学科如社会学、人口学、经济学的分析方法，那么法学研究本身如何出圈呢？我看到一个很重要的现象：同样是实证法学的研究，经济学、管理学等学科的实证研究的技术方法更加成熟，但是对法律规则的理解比较浅，只是简单地把法律政策当作一个外生冲击；如果是法学学者来做实证研究，可能就会对这个东西有更加细腻的处理，只是在科学性方面还要再提升。所以我想跟老师请教：怎样发挥法学研究的优势和特长？

白建军：法学怎么走出去，怎么去影响其他学科？要先跳出纯学术圈，才有可能提升自己在这个领域的影响力。我退休以后仔细想过这个道理。我在北大首先被学生们认可了，他们对我的那种发自内心的认可，真的让我非常感动。然后我得到了编辑们的认可，发表了一些文章。但我是否被实践认可了？所以我退休之后去做了一些工程，把自己的学问融入社会方方面面有关人员共同参与的法律实践。例如，"世界法治指数"越来越被中国法学界和政府关注，还有世界银行全球治理指标、世界正义工程法治指数等，都让"法治"以量的形式表现出来。我们国家现在已经有许多法学家在参与做法治评估。法治评估不仅是做理论研究，而且是给企业或者地方的法律世界做一个量化的系统工程。这种评估可以强化企业和地方政府对法治的重视。很多论文写出来根本没有人看，但是这样的评估就是一种系统性的实践，当这种法律工程得到了政府的重视，别人不被影响也不行，这就是法学出圈的一个具体方法。法治评估过程中现在还存在着较多的主观因素，我正在尝试寻找一种更客观的方法；如果成功的话，能进一步影响地方政府，让政府认识到自己哪个方面是欠缺的，哪个方面是值得发扬的。

心纳百川，一生满怀喜悦

白建军： "底盘"的最后一层含义是指心的容量。2017年我迎新致辞的时候说："你们进北大之前大概都觉得自己很厉害，等进了北大发现大家都很厉害，存在心理落差是普遍现象。"我听说现在学生频频发生心理危机事件，不只是同学之间,甚至老师之间都存在同行压力,有人评上长江学者了,有人有了新项目,等等。在北大,每个人都被或多或少的压力困扰,大概存在两种压力:一种压力是别人比你强,比如他拿到奖学金了你没拿到,他评上三好学生了你没评上,他当教授了你还是副教授,等等;还有一种压力会自己出现,比如你获奖了、拿奖学金了,在学习上领先别人了,其实这会对自我形成一种压力——担心哪天会失去这些东西。但如果一直沉浸在压力带给我们的压迫感中,一个人的格局会缩小,并受到很多消极负面因素的影响。

如何应对压力?我有解压秘籍,就一句话——人人都有过我之处,我与人人都不同。这叫双向解压法。面对第一种压力,要真心相信别人至少在某一个方面确实比自己强。当别人比你强的时候,他肯定有过人的地方,你得真心地服气,这样心里就可以放松一点;同时你再一想,我与人人都不同,我也有比他强的地方。反过来说,如果你突然拿了奖,得到了所谓的肯定,突然发现自己后边还有很多人,这个时候你也得想,人人都有过我之处,每个人都有自己的独特之处,后面的人都盯着你,他们也随时可能获得成功,你就没这么焦虑了。首先找到你的能力、你的兴趣、你的才能里最独特的地方,再把它发扬光大。一定要找到我与人人都不同的地方,再加上你又对别人真心地服气,至少不会不快乐。底盘大、容量大、心大,这样就不可能有太大的心理压力。

满怀喜悦地工作一生是人生中最大的幸福。没有那么大的压力,又能够快快乐乐地享受工作,多好啊!我现在虽然退休了,但是还在写文章、做项目,还在做学术研究。退休后压力减轻很多,我觉得这会儿好好做点学问也是一种养生,所以乐趣是最重要的。

学生:应该用什么样的标准去衡量自己的乐趣呢?有时候我会觉得写论文、看书时有一种和自己独处、非常安静的感觉,不受外界的打扰;有时候我又会觉得在模拟法庭上接受仲裁员的提问,然后指出对方的一些缺陷,也有一种比较舒适的感觉。因为我觉得很多事情都挺有意思的,所以这个时候就很难抉择,喜欢到底是不是一个可以量化的标准?这让我非常困惑,很想听一下老师的意见。

白建军:对很多事物感兴趣是非常可贵的,但还是要在很多觉得有兴趣的事情当中选择一个将来可能会出成果的事情。想象力对于学术成长也很重要。想象力既是对这个问题的想象,也是对这个领域将会变成怎样或者这个题目将会出什么成果的一种想象,更包括你将成为一个什么样的人的想象。一个人能想到多远,这座人生金字塔的底盘就有多大。真正决定你底盘大小的想象力,在你众多的兴趣当中去做出最正确选择的想象力,大概在很小的时候就已经形成了。我是在这个园子里长大的,那个时候我们的邻居、同学的父母,都是任继愈、黄昆这些大学者,他们是看着我们长大的,所以我从那时起就会形成一种思想,什么是学问、什么是大家、什么是对社会有影响力的知识分子,这些就是指引我成长的精神。在我迷茫的时候,我总是回顾自己的行为,思考是否偏离了这一道路。后来虽然我当了生产队长,耕地、开山放炮,但始终没有忘记这种思想。所以从心出发,回去找你当时心中想成为的那个人,他一定会带着你走,带着你做出比较好的选择。

有些学生在追求兴趣的道路上会有压力,中国大学的学生和其他世界一流大学的学生相比,心态存在显著的差异,这跟现在的大环境是分不开的。我们有些老师不太鼓励学生的个性发展,在这一点上,我们当老师的确实有很大的责任。我们的学生太过于看重成绩、看重绩点,绩点当然很重要,但是没有独创性是不行的。学校和老师应当鼓励学生的个性发展,我们学校有各种健全的制度,但是制度干预只是辅助手段,更重要的是,学生也要尊重自己的爱好和兴趣,不应该过度依赖学校。人在从生到死的整个过程中,最主要的还是靠自己,自己去实践,自己走出来,只有从心态上彻底突破和改变,才能自强自信。

白建军与学生交流

微语录

※ 案例是法制的细胞，判决书里包含着一些肉眼看不见的共性和规律。千万份判决书背后，存在着一些法官不约而同的做法，其中必有其合理性，关键在于如何把合理性挖掘出来，如何通过大量事实去发现背后的规律。可以使用计算机阅读电子裁判文书，将反复出现的表述提取出来，发现其中的规律。

※ 一定要了解自己学科的布局，学会组织自己的知识。

※ 教育不是灌输，除了要给学生传授知识，也要唤醒学生已知的东西，这就是启发式教学。大学教师最难的任务就是面对知识层次不同的学生，把深奥的东西变得让大家都能听懂。

※ 你要相信，能够进入北大，你内心深处一定有一座金矿，只是可能现在还没有找到。

※ 做研究是一种乐趣，你们一定要找到自己的兴趣所在，让兴趣带领自己跨出本学科去找寻更广阔的天地。

※ 做实证研究，要多去感受、多去尝试，只有亲身体验才能更容易发现事物的本质和发展规律。不论成功失败都是弥足珍贵的人生财富。

※ 人人都有过我之处，我与人人都不同。

※ 想象力既是对研究领域未来发展的想象，也是对自己未来目标的想象。这种想象力不是来自大学教育，而是在青少年时期就已经形成。

※ 学校和老师应当鼓励学生的个性发展，更重要的是，学生也要尊重自己的爱好和兴趣。

※ 如何快速进入其他学科？一是兴趣使然，二是问题导向，三是偶然机遇。

大学里的师生关系

程朝翔

程朝翔,北京大学外国语学院教授,石河子大学外国语学院教授(对口支援),石河子大学绿洲学者讲座教授。兼任全国美国文学研究会副会长、中国外国文学学会英语文学研究分会副会长、中国外国文学学会英国文学分会副会长、中国比较文学学会中美比较文化研究会副会长、中国高校外语学科发展联盟外国文学跨学科研究委员会副主任、全国翻译专业学位研究生教育指导委员会委员。研究领域为英美戏剧,比较戏剧,西方当代文学理论、翻译。作为第二获奖人,曾获2018年高等教育国家级教学成果奖二等奖和2017年北京市高等教育教学成果奖一等奖。

Scholarship
Friendship
Companionship

师生关系的内涵

程朝翔：师生关系我觉得可能分几个层面。第一个层面，课堂上的老师和学生是非常职业的"教"与"学"的关系；第二个层面，老师在办公室和同学交流时，与学生之间是对等的关系；第三个层面，作为学校行政管理者的老师（比如校长、院长、系主任）与学生之间是管理者与被管理者的关系。这几种关系既有联系也有区别。

老师在课堂上与学生的关系是一种纯粹的、真正的学术关系。在北大这样一所研究型大学，学术关系就是要求老师把研究成果体现在教学中。这是一件老师必须做的事情。德国学者马克斯·韦伯在其题为《学术与政治》的演讲中，提及以学术为业，说的就是职业化。我比较赞同他的说法。所有的学术观点都应该是客观的，但客观的学术观点有时在现实生活中也会有一些使之无法成立的事实。如果你能让学生知道那些事实，那么你就达到了作为师者为学生答疑解惑的目的。如果有这种学术训练的话，那么看待问题的角度就会大大不同。所有这一切在课堂上都要通过学术来实现，而不是通过说教、励志和畅谈人生来解决的。畅谈人生有时是很不靠谱的。现在很多商业化的社会办学机构，谈励志谈人生，都是老生常谈，并且具有误导性。

而如果在办公室，除了谈学术之外，老师和学生有时也可以是朋友的关系，是对等的。大家的话语权是一样的，是一种讨论的关系，你可以听我的、反驳我或者不搭理我。

第三个层面是作为行政管理者的老师与学生之间的关系。实际上西方大学很多的行政管理者，除了在毕业典礼等场合发表的演讲，还有关注行政管理的发展前景、愿景的一些著作，对师生关系有很多的思考。在课堂上老师是拥有绝对话语权的。在国外的一些大学，老师处于一种权力位置。处于权力位置的人要非常小心，很多事情是不能做的。这不光是一个职业道德问题，而且是一个法律问题。

学生：我是一名大四的学生，马上要读研了。本科时师生关系基本上是比较松散的，但现在面临选研究生导师的问题。您对此有什么建议，或者您从导师的角度来看，希望招到的研究生跟您是什么样的关系呢？

程朝翔：实际上老师不一样，学生也不太一样。很难说怎样才能磨合好。找"大牛"老师有好处，但是不太牛的老师，说不定也有他的长处。我倒觉得这完全是看你的选择。做选择时可能需要有一些谋划，但也不能算计得太厉害，有时候把不得不做的事情做好就行了。应该和老师搞好关系，尽量从老师那儿多得益，这挺重要的。因为大家都忙，还要注意和老师沟通的问题。

学生：中国有句古话，"一日为师，终身为父"。您对这句话怎么理解？

程朝翔：那不是现代的职业关系。在"吾爱吾师"这个问题上中国和西方真是不太一样。我今天对师生关系的界定基本上是按照西方现代的理性化理论来解读的，而不是按孔子带学生那样。孔子的学生把他奉为神，一生都在琢磨他的只言片语，也就是他的语录。语录是中国经典，和西方不太一样，怎样来解读是个值得思考的有趣问题。

学生：我感觉现在研究生导师的话语权似乎更大了，导师不仅影响学生的学习成绩，好像还关系到其是否能如期毕业的问题。这种情况应该怎么处理呢？

程朝翔：西方很多大学关于这个权力关系的界定都是有明文规定的，包括老师可不可以把学生当成免费的劳动力。我们现在实际上还没有成文的规定，很多东西都是含糊的。所以，我觉得你们应该改造社会，但绝不是务虚的，而是通过设定一些非常具体的、可操作的条例来改造社会。我觉得北大的学生应当同时具备仰望星空和脚踏实地这两种素质。

在线课堂对师生关系的影响

学生：您说课堂上一般的师生关系是老师对学生拥有绝对的话语权，但现在的在线教育、在线课堂是不是使这方面的关系有所变化？

程朝翔：对，现在有翻转课堂等，但我觉得学生的话语权没有变得更大。以慕课为例，老师让学生先听讲座，然后在课堂上讨论。实际上学生的话语权可能更小了，因为掌握了媒介，基本上就掌握了所有的信息。很多情况下都是如此，掌握了技术和时间，也就掌握了内容。

学生：理想的老师应该在学生成长中扮演怎样的角色？您刚才说的翻转课堂和慕课，都是时下比较盛行的概念。是否有一天大学不存在了，可以在全世界各个学科找一批很优秀的人，他专门教授自己最擅长的一门课，大家在家里通过屏幕就能跟世界上最好的老师去沟通和交流？在新技术的影响下，师生关系或者说老师在学生成长中扮演的角色会不会受到冲击？

程朝翔：有很多比较好的大学开设慕课，现在还有字幕组做中文字幕，不懂英文的人也可以在网上看公开课。但是很少有人能真正从历史当中吸取教训。如果大家都能学到真正的智慧，那就是理想社会了。所以别指望大家都接受真正好的东西，我觉得这可能是由人性决定的。在学校里，让同学们能够百分之百把老师的资源利用好，实际上也是做不到的，但我们还是可以尽量充分地利用老师的帮助。在我看来，老师对学生最大的帮助，是为大家节约时间，让学生在一些想法上有所改变，少走弯路。这一点是挺重要的。

你方才说到，新技术影响下大学会不会不再存在，我觉得不太可能。因为关键问题还是得面对面交流,老师和学生间的交流很重要。虽然现在我们很多条件还实现不了,比如有的老师连办公室都没有,就没有办法安排固定的接待学生的"办公时间",但是我觉得可以逐渐地建设起来。人与人之间的交流非常重要,只靠听讲座或者靠网络是不行的。

同学交流与朋辈成长

学生:我感觉现在事情越来越多,这些事情中到底哪些对我来说真正重要,或者说是我真正喜欢的呢?同学们可以分为两类:一类是很早就想好自己想要什么,自己的兴趣在哪儿,实习和未来的工作都会直接指向他想去的方向;另一类是按部就班地做好自己手头的事情,在确定工作岗位时广撒网,可能累一点,但结果也不错。我想听听程老师的建议。

程朝翔:我没有建议。你刚才说得非常好,实际上同学之间的交流比你和老师的交流对你的人生帮助更大。同辈朋友给你的建议和对你的影响可能比老师更重要。老师毕竟不太了解你的具体情况,而且不在你的处境,所以我觉得同学非常重要,和同学搞好关系也非常重要。像俞敏洪和王强,就是上学时住同一个宿舍,现在合伙做事业。

学生:去年刚进校时,第一场考试就是英语分级考试。

有人说，直接考到一级比较好，因为专题课比较难选，而且非常难上。我听课之后发现，大学英语四级的课其实很难真正激发一些大学生学习英语的兴趣。

程朝翔：实际上，上大学无非涉及两方面：一方面要学到真正的知识，另一方面是比较容易地拿到学分和获得比较好的成绩。直接考到一个比较好的成绩是策略问题，而不是知识问题。我觉得在很多地方的确是需要策略的，这些策略能帮你把生活变得更容易、更简单一点。对你来说，付出比较小的成本和代价，可以腾出更多的时间去铺更好的路。当然真才实学是另外一回事，这需要自己去判断，判断力非常重要。上大学最重要的还是逐渐培养这种判断力。判断力有时候是基于知识，但如果有了知识后还没有判断力，那么知识的用处可能也不是太大。

学生：我觉得自己最大的收获是，在不断的阅读之中，沉下心来有一些自己的思索。但平时总会有许多无法拒绝、不得不去做的事，属于自己的时间越来越少。但我看身边有许多人很善于拒绝别人，这样就能省下很多时间去做自己想做的事。您对于在成长道路上的这种选择，有什么建议呢？

程朝翔：我觉得有的时候是塞翁失马。你不想做的事情，本来认为很没有利的事情，也有可能会变成好事。有一些工于算计的人，算来算去把自己也算进去了。"塞翁失马，焉知非福"，但这缺乏论证，需要自己领悟。

专业方向的选择

学生：我是对外汉语教育学院一年级的硕士生，在选择研究方向时产生了很大困惑。如果继续研究汉语言文学的话，竞争力将不如中文系的学生；如果选择语言学科的新方向和新领域，又对它并不熟悉。

程朝翔：各个学科都不太一样，有的学科历史非常悠久。老学科的制度和资源，可能和新兴学科相比大不一样。新兴学科有长处，比如说比较有实际意义，能解决很多现在需要马上解决的问题，但是很可能它的学科资源和积累会有问题。这是学科差别的问题。老师可以告诉你这个学科是怎样的，你如果觉得对自己发展有利，可以继续学习；如果觉得不利于自己的发展，你就调整方向，或者说你可以微调，比如做论文的时候把方向微调一下。

中国的大学大概有一千多个英语系，但大部分人都在搞英语教学，我觉得这样效率比较低。实际上可以逐渐调整，但首先需要认识到这个问题，很多人还认识不到。我们这代人认识不到，就靠你们来认识，靠你们来改变，一步一步渐进地改变这个社会。首先要改变认识，然后才能改变世界。抱怨的人很多，但实际上真正设计改变路径的人很少，需要有人做具体的、脚踏实地的工作。西方一些人文教育非常务实，我最近在读美国文学家和法学家斯坦利·费什写的一本书，内容是关于如何写句子和读句子的。他认为所有人文学科最重要的就是写句子和读句子，就这么简单。如果连这个都搞不好，人文学科就无从谈起，整个人文教育也无从谈起。这是最重要的事情，而不是陈词滥调。

学生：您自己是怎样一步步走到今天这个位置的？

程朝翔：我们那代人的选择，有时候完全是被迫的。我参加了1977年的高考，没有任何别的基础，初中毕业就参加高考。只有英语还学了一点，所以报英语专业大概能考上，要是报其他的专业根本就考不上大学。在没有选择的情况下，只能是把不得不做的事情做好。所以我觉得，只要把不得不做的事情做好，还是会有选择的。选择学英语之后，还有很多的选择，比如语言、文学，文学里又有那么多细分。我现在比较感兴趣的是做莎士比亚研究，因为莎士比亚对西方文化非常重要，对意识形态的建构也很重要。我现在比较关注"9·11"之后的文学理论，就是怎么样通过理论来解决社会的实际问题，而不是靠一些政治化的东西来解决。所以，基本上，我觉得我是被动选择，然后尽量去做好。

阅读与人文学科的学习

学生：我们现在接触的影视剧当中是不是把师生关系

扭曲了，或者说影视剧是不是对现实生活的一种真实反映呢？您对这个问题怎么看？

程朝翔：不管是莎士比亚戏剧，或是《红楼梦》等中国的经典，都需要与时俱进，否则就没有生命力。现在是影视的时代，很多经典是需要影视化的，这样才有生命力和影响力。但你要把它影视化，就一定要有所改编，一定要与时俱进，反映一些现代的问题。莎士比亚戏剧，如《威尼斯商人》里的商业活动和法律问题，与当代社会都是一样的。但中国的一些经典与当代社会有很多东西是不同的，表现不了某些诉求。时代定义实际上挺重要的，以往的社会和当代社会很不一样。但怎么解决这个问题，我觉得我没有答案，需要你们来考虑。

学生：您觉得有没有对文学作品改编得特别好的影视或者戏剧作品？

程朝翔：莎士比亚的作品每年都会有大量的改编。2012年伦敦奥运会，为了宣传英国文化，英国人将莎士比亚的历史剧改编成《空王冠》，改编得非常好。伦敦奥运会开幕式上也有《暴风雨》的场景。我看了一些《红楼梦》的改编，觉得其需要加强现代意识。我的专业是伊丽莎白时期的文学研究，"9·11"之后对这个阶段的作品的解读真是发生了天翻地覆的变化。比如对《李尔王》的解读，有一个场景，是把叛国者的眼抠出来。在反恐过程当中可不可以用酷刑，酷刑到底是为了国家安全，还是为了满足嗜血的虐待狂的乐趣，这需要进行解读。我不做中国文学研究，所以没有什么特别深入的了解。不过好像没见到这种将中国经典与现代联系起来的解读。

学生：莎士比亚戏剧是用古英语写作的，我在阅读过程中觉得有些障碍。您是否建议多学习古英语的知识，以便深入地了解英文经典？

程朝翔：莎士比亚我觉得还是可以读一点，那是早期现代英语，不是古英语。早期现代就是比现代早一点，现在有很多注释本。当然，这完全看自己的时间。

学生：我在高中时期看过几章莎士比亚的《麦克白》，但一点触动人心的感觉都没有。您刚刚讲到，如果自己读过几章，觉得没有任何收获，就可以不再读了。我比较纠结这个问题。

程朝翔：如果真是大师的作品，有时候还是要拼命地读下去，直到哪一天读通了就真的是豁然开朗了。

学生：我觉得莎士比亚的措辞对于现代艺术是不通的。

程朝翔：对，语言上会有些问题。实际上，所有的大师的东西都会有些语言问题。但我觉得还是必须读大师的东西。按道理讲，大学应该有一个书目，按重要性来读。有些书并不值得读，应该在有限的时间内读最好的东西。

学生：我是学历史的，上课时老师会讲很多内容，但想用一套理论把很多问题讲明白，其实很困难。对于学术问题，把所有细节展现出来，是不是会比较容易解释，或者说比较容易明白?

程朝翔：有人说，理论必须是系统的，但有系统就会有漏洞，所以我们不搞理论，搞一些具体的考据就可以了。但实际上现代大学基本上都是在理性原则上建立起来的，都带有一个理性的框架，都有一套理论。大家不断质疑科学范式，如果能回答这些质疑，范式就能站得住。如果回答不了今天的问题，范式就会被推翻，产生一个新的范式，这就是科学革命。我觉得其实所有的人文学科都是这样。我对最近的文学理论非常感兴趣，就是因为它有新的解释范式。"9·11"之后，很多以前的范式已经回答不了今天的问题，应对不了挑战了。如果只讲一些事实，没有理论，就不是大学。我觉得这是大学和非大学根本的区别。

学生：人文学科在今后的研究中，怎么能够继续推进，形成比较好的理论，而不只是循环地来验证前人的理论，或者用前人的理论来解释今天的事实？怎样才能有所创新呢？

程朝翔：学习人文学科一定要有相当大的阅读量。这是苦力活，所以身体非常重要，大家都要好好锻炼身体。没有阅读量，人文学科无从谈起。我觉得阅读有几种。大师的东西应该好好读，而且大师级的人物层出不穷，现在有很多大师还在写作，应该多关注这些。最重要的是培养问题意识，自己凭空想出来的问题毫无价值，很多东西根本不需要想。读大师的著作，是和大师做心灵的交流，这是最有效的一种交流。结合大师在著作中阐述的内容，你也可以提出自己的问题，如果大师能回答你的问题，说明至少他现在还有价值。如果他回答不了你的问题，可能我们自己就会有创新。我们的大学生阅读量太小，几乎所有人都读得不够，或是有的时候读书读得不太对。

学生：我平时写一些课堂论文时在想，理论创新是不是只能等待灵光突现才可以？

程朝翔：还是重在阅读，学人文学科的，不读书是不会有什么创新的。

学生：在读的过程中，我很容易被作者说服。作者本来已经论证得很严密了，我还想提出一些问题，感觉是在找碴儿。我觉得在创新方面很困难，有时候怀疑是不是自己的大脑僵化了。

程朝翔：读书也不见得一定要挑刺，一定要批判。而且我觉得本科期间也不见得非要创新，创新实际上是挺难的。现在很多博士论文都要求有创新点。很多论文其实根本就不靠谱，根本就没有创新，却非要弄个创新点。在西方，真正有创新的也只是一些大师级的人物。所以我说一定要读大师的东西，大师对于当前问题的理论建树才是创新。其他很多很好的学者也不见得有创新。我觉得我们没有必要非要追求创新，有时候模仿也挺好。大家都想创新，有的时候就不太靠谱了。西方大师级的人物也不多，所以真正值得读的书实际上也不是太多。

学生： 我来北大后在知识方面有一些拓展，但是在思维或思维方式上的进步不是很明显。怎样才能实现思维方式或者认识水平的提升呢？

程朝翔： 我觉得到了一定的时候你不想提升都会提升的，就是要多读多经历。

学生： 在大学期间，是自学更重要，还是听老师讲解更重要一些呢？

程朝翔： 自学当然重要，老师讲解也挺重要，真正的好老师会帮你节约很多时间。有些思想和观点，如果自己读的话，可能要花很多时间，还不见得能领悟到，而老师会给你很多启发。当然前提是老师的课是比较有意义的课。所以我觉得，这两方面都很重要。每个人都有不同的侧重，找到自己喜欢的东西，你就会花时间去做。

学生： 人文学科是不是都可以用理性的思考或科学的角度去判断价值取向？

程朝翔： 现代大学是一个理性化的机构，在大学里通常是用理性化的方式来解释和解决问题的。比如宗教信仰问题，大学可以研究宗教，但是是以客观的态度研究它怎样起源、怎样发展的。一般来说，只有对这个东西有充分的了解，才可以抛弃它、放弃它；否则，就没有资格来抛弃、放弃。对于理性也是如此。所以我们还是应该先对理性化的东西有比较好的理解。

仰望星空，脚踏实地

学生：在本科生阶段，对学术应该持一个什么样的态度？学术在大学中的地位是什么样的呢？

程朝翔：我觉得还是要仰望星空，脚踏实地。什么是仰望星空？所谓学术，对于本科阶段而言就是人文教育。文学、历史、哲学，这些东西都涉及人生最重要的问题。人文学科实际上也还是有关人与人之间的关系，人的关系处理不好，走向极端，就会像野兽一样互相厮杀。仰望星空，需要一些大的东西，如通过文史哲来解决的问题。脚踏实地，就是不放弃小的东西，比如说英语和其他语言训练、其他技能，各种技能是要掌握好的看家本领。既不能光脚踏实地，不仰望星空；也不能光仰望星空，不脚踏实地。只要做好这两方面，人生的很多问题都可以得到解决。

学生：刚才您提到做学术身体要好，但现在我晚上可能要占用一些时间去做作业，有时还会熬夜，导致身体不是很好。对此您有什么建议？我也想知道老师现在做学术，会不会也要熬夜？

程朝翔：按道理讲，上学期间时间是最多的。如果工作了的话，事情就更多了，更没时间锻炼了。所以现在不管有多么辛苦，还是应该抽出时间来锻炼。

学生：在宿舍，室友们睡觉时间很不一样，很难坚持早睡。您平时是怎么安排休息和锻炼的？

程朝翔：每个人的情况不太一样，这个很难说。我年轻的时候很能熬夜，有时甚至熬得很厉害，但现在不太敢熬了。现在是靠吃老本，年轻时锻炼挺多的。宿舍成员的作息时间，需要同学们自己来协调。大家如何打交道，建立友谊，一起锻炼身体，把状态调整到最好，这是个复杂的问题，没有标准答案。

程朝翔与学生合影

微语录

※ 师生关系分为几个层面：一是课堂上的师生关系，二是课下办公时间的师生关系，三是作为行政管理

者的老师与学生的关系。

※ 研究型大学的老师，要把自己的研究成果体现在教学中。如果没有科研、没有最前沿的成果，也就没有一流的教学。

※ 客观的学术观点有时在现实生活中也会有一些使之无法成立的事实。很多人都认为自己掌握着真理，坚持自己的立场。但这往往是一家之言。

※ 在课堂上，老师要通过纯粹的学术，让学生了解学术观点背后那些使之无法成立的事实。这是老师的职业道德，也是学生的真正收获。

※ 老师和学生在课下也可以成为朋友，这时候彼此之间是对等的。大家的话语权是一样的，是一种讨论的关系，你可以听我的、反驳我或者不搭理我。

※ 在课堂上老师是拥有绝对话语权的。在国外的一些大学，老师处于一种权力位置。处于权力位置的人要非常小心，很多事情是不能做的。这不光是一个职业道德问题，而且是一个法律问题。

※ 比起与老师的交流，与同学、朋友的交流可能会对你的选择产生更重要的影响，因为老师很难到你的处境中去体会。

※ 有的课是为了真才实学，有的课仅仅是为了拿到学

分、顺利毕业——策略也是被允许的,当然兼顾更好。

※ 判断力基于知识的积累,但如果有了知识后还没有判断力,那么知识也不会产生太大的作用。

※ 抱怨的人很多,但脚踏实地去做的人并不多。我们这一代无力改变的一些事情,还要靠你们去转变认识、改变社会。

※ 在没有选择的情况下,你若是能把不得不做的事情做好,而不是抱怨和排斥,你就会有更多的选择。

※ 大师的作品还是要拼命地读下去,当你读通的时候,就会觉得世界豁然开朗。

※ 从事人文学科的研究需要扎实阅读。读大师的著作,是和大师做心灵的交流,这是最有效的一种交流。

※ 学人文学科的,重在阅读,不读书是不会有什么创新的。

※ 在大学里,自学很重要,但好的老师可以帮你节约很多时间,给你很多启发。

※ 人文学科实际上也还是有关人与人之间的关系,人的关系处理不好,走向极端,就会像野兽一样互相厮杀。

※ 老师上课时若是讲与学术有关的笑话，当然可以；但讲与学术无关的笑话，就是浪费学生的时间。有些看起来挺好玩的课不一定对你有用，因为它与学术无关。

※ 人文学科的宗旨是解决当下的、本土的问题，没有必要过度推崇国际化。国际化如果解决不了本土问题，那就是浪费资源。

探索与人生

韩茂莉

作者小传

韩茂莉，北京大学城市与环境学院教授，北京大学博雅特聘教授。研究方向为历史农业地理、环境变迁与乡村社会地理，主要从事中国历史地理方面的教学和研究工作。出版多部学术著作，发表学术论文60余篇。2018年荣获"北京市师德先锋"荣誉称号。主讲课程"中国历史地理"被评为国家级精品课、国家精品在线开放课程，并被教育部列入首批国家级一流本科课程。

知识就是力量

席慕荣

上下求索，追寻科学之源

韩茂莉：我们走进北京大学，在探索的过程中，始终有一个主题，就是科学。科学是值得我们一生去追求的。科学是神圣的，具有无穷的魅力，它开启了人类进入文明的大门，揭示了世界的本质和规律。科学包括自然科学、人文社会科学，甚至精神科学等。在今天的世界，说到科学，大家最先联想到的都是现实生活中科学具体转化为哪些用得着、摸得着的成果，比如说电信产品、网络产品、病毒疫苗等，这对我们来说都是熟悉的。但是，真正的科学在具体成果的背后，是一个追求真理的过程。走进北大，不论是年轻人，还是已经在北大从教几十年的教师，都应该有一种责任感，因为北京大学在中国人心目中是一个神圣的地方。我们走进这所大学，一方面，证明我们本身的资质是优秀的；另一方面，社会赋予了我们一份责任，这份责任就是在探索科学的过程中追求真理。有的同学可能觉得，这种话说起来有一点像心灵鸡汤，但是如果人到了我这个年龄，已经走过了人生中绝大多数的岁月，就会觉得这些话不仅仅是对年轻人说的，也是我们用一生悟出来的。

学生：当今社会生活节奏比较快，在这样一个比较浮躁的社会风气下，怎样才能真正地定下心来去耐心地探索，去发现适合自己的道路？如何才能让自己沉静下来？

韩茂莉： 大家进入这所大学之后，有没有想过自己要学什么，这一生要干什么？我和许多学生聊过，他们几乎都会说，是家长、社会、学校以及自己的能力推动着自己来到了北大，至于今后要干什么，大多数人都很迷茫，学的专业未必是一生要用的，今后的职业也未必是跟学术打交道。

我10岁那年就想当一名学者，第二年我11岁时，"文化大革命"就开始了。我们这一代人谈起那十年，都是不愿意再回顾的，那是没有完整的教育、物质短缺的时代，十年就随波逐流地过去了。我们一生未必永远都能够遇到如意的大环境，所以一定要在年轻的时候，终止迷茫，知道这一生要做什么。有了目标之后，无论遇到什么困难，都会向着目标走，那这一辈子就没白活。职业不分高低，关键在于你想做一个什么样的人。

学生： 您多次提到了探索。我认为在大学阶段，不仅要探索科学，最重要的应该是对自我的探索，去发现自己更多的潜能，发现一些新的领域。我们可以通过哪些途径来达到自我探索？在这个过程中需要注意些什么？想听听您的建议。

韩茂莉： 我们进入大学学习，每个人都有自己的专业，这保证了我们在大学期间能接受比较完善的专业教育，但是这还远远不够，与此同时要多读书。我们这个时代不是一个盛行读书的时代,这是一个快节奏的时代,快节奏的时代离不开手机,我看到很多年轻人走到哪里都会拿手机,上电梯看手机,过马路看手机,甚至骑车一边扶把一边还在看手机,读书却变成了一个最被轻视的问题。

探索,需要独立思考,更需要汲取前人的思想精华,这些精华包括科技的、思想的、哲学的。当然,不是所有的印刷品都能被称为书,被称为书的著作浓缩了人类思想的精华。有人会说,手机上也会有转载,但是手机上转载的是面对大众的、比较浅层的东西,而真正能够成就自我、最有价值的人类智慧来自著作。

在过去,知识分子有另一种称呼,叫作"读书人",这意味着知识是在读书的过程中拥有的。通过读书,在别人的成就之上,继续思索和观察,才能拥有属于自己的灵感。所以,读书很重要,这就是俗话说的触类旁通。比如说学国际政治,不但要了解当代国际关系、世界历史,而且要了解中国历史,哪一点都很重要。国际关系经常谈到地缘政治问题,这是19世纪西方学者提出的一个理念,可是地缘政治所包括的理念和实践,在几千年前的中国就有了。春秋战国时期那些周游列国的谋士,能够辅佐他们的主公取得成功,其中最重要的一个理念就是地缘政治思想。这些思想比西方人超前了几千年,如果今天我们能够灵活运用这些智慧,将会开拓新的思路。

学生:您开设"中国历史地理"这门课的初衷是什么?

在探索的路上有没有遇到什么挫折？这些挫折对整个探索的过程产生了什么样的影响？

韩茂莉：我的专业是中国历史地理，最初北京大学还没有相关课程，我自然而然就开设了"中国历史地理"这门课。最初的开课条件是很简陋的，我第一年上课用的是胶片，当时没有PPT，所以把做好的课件写在透明胶片上，放在投影仪上放映。第二年就开始做PPT了，很粗糙，很简陋。当年的老版课件我都留着，在今天来看，无论是布局还是内容都很不像样子，但是一步一步地改进，有一个渐进过程。

在这几十年之中，教书只占据了我少部分的时间，绝大多数的时间我都在做研究。我经常跟大家开玩笑说，作为一名教师，教书几乎变成我的副业了。我的研究没有显示度，大家都热衷于当代科技；此外，经济学是影响我们国家经济发展的重要学科，还有哲学、文学等，而我从事的研究是与古人种地有关的历史农业地理。即使是在课堂上，我讲这部分的内容也是少而又少，说明它没有显示度，但是我觉得这对于中国来讲很重要。世界上有200多个国家和地区，但是农作物初始驯化地只有三处：一处是古巴比伦，也就是今天的伊拉克；另外一处是南美洲；第三处就是中国。这三处地方在一万多年前就已经将野生植物驯化为人工栽培植物，世界上最早的农业起源地就有中国。研究中国农业和农业地理是一种责任，今天很多问题的研究还是空白,大家也很少关注。近一二百年内,日本汉学研究在世界上越来越引人注意,我们国家的当代科技并没有完全站在世界的顶峰,但是一个文明古国如果连自己最值得骄傲的东西还要看日本人的研究成果,那我们还有什么呢?所以尽管没有显示度,在学校众多的教师中,恐怕也没什么人能够想起我的研究,但是几十年如一日,我还是在这个领域中探索。一个真正的学者不是活跃在舞台上,而是能坐得住,研究任何你想要解决的问题,思路不一定马上就到位,所以说要沉下心来去思考,去读书,这很重要。

只争朝夕,把握时代机遇

韩茂莉: 我从事的历史地理研究,今天来看仍然是跟我年轻时候的兴趣有关的。第一,在10岁左右,我开始觉得自己这一生搞地质很好,可以爬山越岭去探矿;第二,我小时候就喜欢历史,想当历史学家;第三,我想当一名播音员。今天我的职业,这三方面都具备了:学习地理,年轻的时候经常跋山涉水,且多数都是环境恶劣的地方,研究历史地理必须拥有良好的历史基础,上课则类似于播音。我觉得教书挺好。

我是1977级的大学生,我们那一代人几乎都出身于工农兵各类职业。我当年在一个工厂做钳工,每天拿着锉刀在老虎钳上锉铁块,其他人有在农村当农民的,还有在部队当战士的。我家庭出身不好,"文化大革命"那十年上学很不顺利,只上了两年叫作代管班的初中,国家不允许把十二三岁的孩子扔到社会上,就由正式的中学代替管理。1977年10月21日这一天,《人民日报》头版头条刊登了恢复高考的消息。在此之前,高考已经停了整整11年了。这11年间,那一代的年轻人已经不知道读书和学习是什么了,突然告诉我们要恢复高考了,12月初就要考试了。大家都知道准备高考得多长时间,我们中断了11年的系统学习,而在剩下一个多月的时间里,我还有工作,我该如何选择?高考的时候究竟报考什么专业困扰了我很久。我喜欢历史,可是历史不容易考,因为经过"文化大革命",哪些历史事件可以赞颂,哪些需要批判,没有标准。理科的那些数学题和定理是不会变的,而且"文化大革命"这十年,我一直在自学,我想高考还是选理科吧。考虑到我的家庭背景,中学都没有顺利上好,当然需要选一个最不引人注意的学校,最不引人注意的专业,所以我选择了地理。但是学地理之后,我仍然喜欢历史,从大一开始我就幻想世界上是不是有一个叫历史地理的学科,终于在大三那年我知道了这门学科,这就成了我一辈子的选择。今天证明这个选择还是不错的。

你们生活的这个时代是一个最好的时代,从你们出生那一天开始,不愁吃喝,不愁没有学上,只要努力,一切想做的事情都可以做,而且生活之中想要达到的目标也可以通过努力实现。但是我们年轻的时候不一样,尤其是"文化大革命"期间,那个时代物资极为短缺,很多人没有受过完整的教育,最重要的是没有工作,不知道前途在哪里,有许多不尽如人意的地方。

但是我有时也会想起那些年,因为那也是一个充满激情的年代。今天很多流行歌曲的歌词没有文学内涵,旋律也不美,大概这样的流行歌曲是当代青年比较喜欢的,但是我们那个年代不一样,大部分歌词都有一种激励性,告诉我们年轻人青春无价,而且对这个社会是有责任的。我今年60多岁了,还时常想起当年的一首歌,有一句歌词是"我们年轻人有颗火热的心……赤胆忠心为人民"。几十年过去了,那份激情仍然给我带来追求,对理想与事业的追求。当步入学术领域的时候,这份追求就变成了对科学的探索,也许我们那一代人始终都带着年轻时候的那种激情。

学生:您说过现在研究中国历史地理的人已经很少了,有一点后继无人的感觉,您刚刚也强调说您那个年代的青年人都是有信仰的人,那我们当代青年人在这种浮躁的环境中,怎样才能继续填补这种空白,真正肩负起北大人的使命?

韩茂莉:我们这一代人马上就要退出学术舞台,当然学术生涯没有终止,但是在这个舞台上的角色终究会被年轻人所取代。虽然我们这一代人一定会在很多领域不如你们,但是我们都是有信念的人。在我们年轻时的那个年代,尽管有很多不尽如人意的地方,但是社会教育和今天是不同的。那是一个崇拜英雄的年代,崇拜科学的年代,英雄和科学在我们很小的时候就变成了一种理念和记忆,影响我们一生。

比如,今天很多人都在说房子车子,但是我们那一代很多人都会忽略这个问题。那一代的北大教授有相当一部分人没有商品房,只有学校分给我们的福利房;我今天还在骑着那辆破自行车。我们对于物质的需求是觉得能够生活就足够了,而不是追求手里握着一堆房产,等着它们增值、出租。尽管经历了很多,但我们知道这一辈子应该干什么,所以除了进入高等院校做学者,我相信我们那一代的普通劳动者也依然兢兢业业。

人应该有一个大目标,这个目标比自我大。北大人更应该拥有这样的目标和责任。

我认为,一个真正的学者,应该是科学和真理的追求者,也应该是一个理想主义者。理想主义者是有抱负的,这种抱负是一种对整个社会的责任感,我们现在最缺的就是责任感。走进北京大学的同学,对于社会应该有一种责任感,精英注定应该是国家栋梁。在承担这种社会责任的过程之中,探索科学和真理是我们一生的追求。培根说过一句话,"知识就是力量",因为知识包含着科学和真理。

另外就是解决问题和创新。人这一辈子,说一句别人没有说过的、属于自己的话不那么容易,所以创新并不简单。在新冠肺炎疫情期间有人说,如今在世界应用科技领域和重要的军事科技领域,日本、德国领先,美国居于第三位,但是没有一项技术跟中国有关。这是我们需要反思的地方。我们有相当一部分产品是处于跟踪、模仿和学习阶段。下面我们需要应对的是,若西方社会对中国进行封锁,尤其是科技的封锁,我们应该怎么办。我们的年轻人虽然可以去这些国家学习,但是去高精尖科技领域学习估计就很难了,那么从此以后原创性的科技产品就需要我们独立自主研发,所以创新更加重要。创新是需要坐冷板凳的,需要静下心来去思考。虽然我搞的研究不属于高精尖,其难度跟很多学科领域相比也还差得远,但是在寻常的社会现象之中也能看到问题,并探寻总结出规律。

我讲讲自己的研究发现了什么。比如"赶集",生活在城市里的同学对于这个概念是很陌生的,但如果在中小城市或者乡下生活过就有赶集的经历。家乡周围有集市,这种集市不是固定的商店,一个月之中有的集是逢单日开集,有的集是逢双日开集,这可能是我们生活中亲身经历的、听说的、看书上写的,并不是一个很稀罕的现象。但是有一天,我发现其中存在地理问题,这个问题绝对是原创性的发现。集市周围村庄的农民带着手里的剩余产品到集市上交易,也许他会单日去赶集,单日集这一天他若是有事或者没有需要交换的东西,恰恰双日时另一个集开了,他又会到双日集去赶集。这单双日集意味着什么呢？在传统农业社会，土地是束缚农民的约束力，农民很难离开自己的家乡，他们的生活空间是以农田为中心的，而单日集和双日集就将这两个集市周围的村子绑在了一个空间，这个空间为共同的客源区。从这两个集市向更远的地方去，那些地方又有属于自己的单双日集，于是又绑定了一个客源区，这个客源区之内又有若干个村子，这就是我的一本书《十里八村》提到的问题。事实上无论南北，农民的认知空间都很难超出集市构成的客源区范围。于是，历史上普天之下与农民没有关系，他们一生的认知都在集市客源区的十里八村之内。关于相互交叉的集市拥有一个共同客源区，此前没有人注意过，我通过思考，在生活中发现了这一由人的经济行为构成的地理空间。1978年以后，我们的社会发生了变化，农民出去打工，可以依托火车、拖拉机等各种现代工具，从南到北到处流动，农民的认知进入了一个新的时代。所以在我把这个问题讲出来之后，有一些同行说："你说的没错，我年轻的时候就生活在农村，我那会儿连县城都没有去过，到过最远的地方就是集市。"经历过赶集的人数不胜数，但是传统社会中农民的认知空间最终是由集市决定的，这个规律是我发现的，这就是一种创新。

创新在于观察和思考。再举一个毕业生的例子，有位同学当年在城市与环境学院学习环境科学，后来在法国留学。有一年我到意大利米兰，距离法国很近，他飞到这里见我。我记得很清楚，就在米兰城外的那条小河边，我们聊了几个小时，他说他开始观察世界了，他向我提了一个问题：园林工人在他住的房子外面同时种下了一棵树的种子和一些草的种子，什么种子先发芽？我说应该是草，因为草的生长周期很短，需要尽快发芽，赶快长出来，迅速完成其生命周期；树的生命周期是几十年以上，种子破土也不那么容易，应该后发芽。那个学生说他注意到是树先发芽。我当时很震惊，不是震惊他发现了什么，而是震惊他开始用一个科学家的眼光观察世界了。只有在观察世界之后进入思索状态，才能够完成创新。正是由于这种思考的能力，他后来发展得很好，在法国完成学业后作为人才被清华引进了。其实引进并不能代表他的人生将走向成功，只是代表着他在探索的问题上迈出了很好的一步。大家的专业不同，可观察的内容非常丰富，包括通过实验获得的数据等，都在我们的观察之列。有了这些观察和思考之后，通过观察寻常的东西最后可能会得出一个不寻常的结果。就如同苹果落到地上成就了一个伟大的牛顿，同样是观察，掉下来的东西多着呢，为什么只有牛顿在思考？所以说，所有的成功不是一开始就是那么高大上的，探索、发现和创新在于最初的这一步。

学生：做学术研究需要耐得住寂寞，这本身就很难，而且现在社会对女性既有的定位使女性学者或许会面临更多的问题。您作为一名女性学者，是如何平衡学术和生活的矛盾的？

韩茂莉：大家说到一个女性学者、女性工作者，往往认为对其更重要的就是一定要有家庭，要有自己的孩子，这对女性来讲要付出很多的东西。但这并不是说所有的女性学者有了家庭和孩子之后，就会放弃自己的追求。比如说我妹妹在广东工业大学工作，研究生物化学，她年轻的时候养孩子的策略就是放养，孩子的一切都归学校管。她的孩子既没有上课外班，也没有请家教来补习，都是课后自己去做作业，现在也长大了，在国外留学，似乎也没有比别人落后多少，但是我妹妹自己的事情一点都没有耽误。我们这一辈的人都有一个信念——不能因为孩子放弃自己。我很敬佩何泽慧，同样是女性学者，她拥有的奢侈品不是物质，而是智慧和学识。

现在我经常听好多年轻人说："我这辈子就这样了，以后指望我儿子和女儿了。"其实说这话的人可能就30岁左右，如果他开始指望下一代，这辈子就完了。我知道一些北大的同学，一毕业就嫁人当全职太太了，我真的觉得很遗憾。未来很重要，虽然说未来是孩子们的，但是自己也应该有未来。

学生：后疫情时代，我们该如何重新认识和审视跨区域、跨国之间的文化交流？我们作为非常渺小的个体，面对这种全局，又该如何保持自我，在变局之中做到自我安定呢？另外，疫情期间衍生出了非常多的线上交流和沟通渠道，这种线上的交流方式到底是拉近了人与人之间的关系，还是让我们之间的隔阂变得更大了呢？

韩茂莉： 世界这么大，任何一个国家、一个民族都有属于自己的精彩，即辉煌的过去和精彩的现在。交流是必要的，尤其在当代世界，除了进行科学技术的交流，了解对方的文化和历史也是非常必要的。有一位美国学者写过一本书——《世界是平的》，他说美国硅谷有来自英国伦敦的年轻人，也有来自印度班加罗尔的人，这在几百年前可能并不是那么容易实现的，但是在今天他们可以很快地聚拢在一个地方。他认为世界是平的，这为我们提供了便利的交流条件。我始终认为面对面的交流更重要，疫情期间的网络交流是迫不得已的。如果疫情过去，世界恢复了原有的秩序，我们依然需要加强面对面的交流，并且在了解别人的同时，一定要知道自己是谁。我所从事的研究核心属于地理研究，地理研究就要知道世界是什么样子的，这几十年中我每年都要利用寒暑假的时间到世界各地去看看，只有知道别的地方是什么样子，我们才能知道中国在世界上的地位究竟是怎样的。当我们知道了这些再来思考，更会觉得我们国家真的不错。

在20世纪三四十年代，我们国家有一批留学生到国外去求学，后来在国家最需要他们的时候，大多数人都回来了，比如我们知道的"两弹一星"元勋。但是很遗憾的是，在今天国家条件如此好的时候，很多人出去却不回来了。

交流,是在了解对方的同时更知道自己是谁。也许有人会说:留在海外难道不应该吗?我没有认为不应该,每个人都有自己的选择,但我觉得是否选择回来和你心中"国家是什么样的"理念是有关的。

学生:您走过那么多地方,这些地方的名称中有哪些文化的因素渗透在我们的生活中?如何拉近地名中的文化和我们的距离?

韩茂莉:其实地名最初的得名是随机的、偶然的,跟一方土地上人的生活直接相关。比如说东北的一些地名里有"窝棚",著名的胡家窝棚就是辽沈战役中俘虏廖耀湘的地方;还有"烧锅",烧锅是酿酒的地方,比如李家烧锅、张家烧锅;还有"马架子",马架子是东北地区一种特有的民居建筑形式,如果房屋住户姓王,就叫王家马架子,随着聚拢的人越来越多,村名就叫这个名字了;还有其他地方建的张家庄、李家庄,也是如此。地名最初是随机的,后来就逐渐带有期望和企盼了,有些地方的愿望是很朴素的。比如说在宁夏有一个地方叫"喊叫水",那是一个缺水的地方。张艺谋有部电影叫《老井》,很经典,讲山西的地下水资源有限,干旱地区降水量也很少,农民为了喝水就在地下修一个干井,其实就是地下的一个洞,冬天把雪扫进去,夏天让雨流进去,这些水带着泥,把矾洒进去澄清之后再喝。在这种干旱的地区,不是每家都有窖井,西北地区的干旱情况就是这样。在这种背景之下,当地人闺女出嫁前看婆家时,既不是看房,也不是看车,而是要看这家有几口窖井,有了井才能满足基本生活。在"喊叫水"这个地方,水已经缺到这种地步了,不仅是盼水,而且是向老天大声呼喊缺水,这个地名就是人出于自己的一种企盼而产生的,跟生活很贴近,是这个地方人文现象的一种反映。

古时候,宣化、怀柔、昌平等名称,站在朝廷的角度看,是希望地方稳定、民生太平,用文化去怀柔布化这些地带,这一切都体现在地名中。至于镇江、镇海等地名,是人们想要通过地名威慑自然界的灾害;还有像镇巴这个地方,自明清以来,流民众多,导致地方社会不安定,民众通过地名寄托自己的愿望。这些都是与地方环境有关的。现在的地名就鲜有这些规则了。比如说之前北京一些新地名的出现,在一个地方修了高架桥,就叫航天桥,但是这个名称跟当地的街道和民风、民俗、历史都没有任何关系,只是有关部门在修桥时出资资助,于是就有了"航天桥"这个名称。所以说文化和地域对地名的影响在历史时期是存在的,而现在却脱离了这种概念。

教学相长,做合格的北大人

学生:我以后想当一名老师,传播知识,但我现在处于本科阶段,没有足够的积累,所以之后会继续深造。您有很多这方面的经历,现在又是这么出色的一位老师,您有什么建议或者经验分享吗?

韩茂莉：其实要做一个对得起自己的老师不太容易。我所说的是对得起自己，因为其实未必一定能让所有学生都满意，尽管我认为自己在认真教书，但是我的学生不一定会百分之百满意。一定要对得起自己，追求自己的责任的这一份良心是很重要的。为了庆祝北大建校120周年，学校出了一本书叫《精神的魅力2018》，邀请我写了一篇。在文章里我提到了我们学院的胡兆量教授，他已经快90岁了。我最初进入讲堂就是在胡老师的课堂上。我记得很清楚，当时两个小时的课我讲了40多分钟就不知道该说什么了。其实我知道自己口才很好，这40多分钟肯定是说得很流畅，但是剩下的时间要说什么我就不知道了，已经没有内容了，所以我很狼狈地走下讲台。幸好胡老师在下面，剩下的时间是他顶上来的。我对那堂课一直到今天都印象深刻。我刚开始教书时，听到一些研究生跟我说我们学院有几位老师书教得不好，被称为"八大金刚"。这对我来讲就是一个信号。如果我以后一直从事教师这个职业，我没有想做到在学生毕业以后能够记住曾经有这样一门课、有这样一个老师，但是我希望学生毕业以后抱怨的老师里面一定不要有我。我这种工作态度从第一次讲课一直持续到今天。一个成熟的教师不是天生的，在从事教师这个职业后，也是要逐渐进步的，但是有一条底线，不要被学生"记住"，这个"记住"是负面的，是因为做得不好而被记住。守着这样一条底线,我几十年一直兢兢业业,最重要的是,除了认真地反思每堂课的内容之外,我也会把PPT做得非常好。我觉得一堂课在完整地陈述课堂内容之外,还要依托教学技术给大家一种美的感觉,所以每张PPT的颜色、图案、字体和布局,都是我认真琢磨过的。

古人经常说"教学相长"。等我真正成为教师,又遇到像你们这样聪明的学生,就知道什么是"教学相长"了。我每次上课的时候,大家会提问题,有一些问题对我很有启发,还有一些问题是我的理解有错误,你们纠正了我的错误。

举个例子,我在十几年前写过一本书——《草原与田园——辽金时期西辽河流域农牧业与环境》,这本书是关于人类生产方式和环境变迁的,写的是辽金时期由于中原地区和草原地区的人口流动,燕山以北地区以单一畜牧业为主的局面改变了,进入了农业生产的阶段。书中谈到了一个问题,辽代有一个组织叫"斡鲁朵",这是契丹人的语言,翻译成汉语叫"宫帐"。辽王朝政权统治者共设置了十三个宫帐,也就是"十二宫一府"制度。每一个宫帐是一个巨大的帐篷,由许多马拉着它,在每年四季更替的时候,宫帐都会伴随着一个巨大的守护性的部队在草原上来回地流动,相当于游牧生活的转场。一个宫帐统治者死了,人不在了,宫帐还在,所以到后来十三个宫帐在同一片草原上被拉着来回奔走。有一个经济学院的同学就提出了一个问题:"您上课时告诉我们,在草原游牧生活的人家几乎是一家一户独立放牧的,因为周围的草场资源是有限的,那么这一个宫帐就有四五万人,那么多宫帐一起流动,草场资源能够提供这种可能性吗?"当然这个宫帐的例子不是我的原创,是引用别人的,但是我在引用时甄别不到位,所以这个同学提出了这样一个疑问。这提醒我在以后的研究中一定要注意重新解读。

还有一次我说到春小麦,这对于大家来讲是很陌生的,我们在食堂里吃面食,这些食物就在我们的餐桌上,大家觉得这是天经地义的。但是小麦其实是地道的舶来品,传入中国的小麦以生长期划分有两种类型。一种是冬小麦,它是秋种,经过了一个冬天,在第二年的5月底或6月初收获,它的起源地和传播路径是非常清楚的,不用进行更多的解释。另一种是春小麦,在春天播种,在秋季收获,春小麦也是舶来品,但是它的起源地在哪儿一直是一个问题。我在课堂上也提到了这个问题,我推测春小麦可能起源于俄罗斯。当时我的一个研究生在听完课之后跟我说,俄罗斯在历史时期是蛮族居住的地方。有明确记载,在距离今天已有两千年的汉代,春小麦生产已成规模。而那个时候俄罗斯是以游牧为主,不可能有对农作物的原创性驯化。我忽然发现,我那个推测在根本上是不可能成立的。

一个好的老师要善于倾听学生的问题,对于所有的质疑和否定一定要认真思考,这样才能共同进步。所以我到今天依然愿意上课，不管我多大岁数了，只要我说话还利索，脑子还清楚，我就愿意上课。我现在在北大和清华都开设了通选课程，学生人数也都不少。我觉得与你们的交流对我来讲是个长进，我的人生在这两个学校教过书，大概也是一种幸福。

学生："北大人"的身份让我们觉得自豪，同时意味着沉甸甸的责任。这种想法也影响着我的职业选择，我现在对选择学术之路还是其他职业有些迷茫，能请您给一些建议吗？

韩茂莉：有人会说，我这一生不一定做与学术有关的研究或教学，也可能进入政府部门，也许会进入企业，也许就是一个普通的劳动者。我认为对于北大人来说，没有任何一个职业会让我们觉得不好意思，即使是作为一个普通劳动者。我们应该有的是一份责任，无论走入社会做什么，追求的精神应该在北大人心中留下来。大家在进入社会逐渐成熟以后，一定要记得北京大学的与众不同，因为自这所大学诞生的那一刻起，也就是国家最艰难的时刻——戊戌变法的时候，我们便登上了历史舞台。在这100多年之中，在社会和历史的关键时刻都有北大人的身影，其中有社会精英、政治家，有为开创共和国做出最重要贡献的那批人，还有普通的科技工作者、普通的劳动者，所有这些人在成为北大人之后，在探索中拥有了对科学和真理的追求之后，责任心自然而然就出现了。

我第一次进入北大，走的是西门，那一系列的仿古建筑给我一种神圣感，这种神圣感一直持续到今天，三十多年了仍然如此。我去过世界上很多所大学，像哈佛大学、牛津大学、波恩大学、斯德哥尔摩大学、首尔大学等，能让我产生这种神圣感的学校如果说还有第二所，那就是英国的剑桥大学。一所大学首先让人肃然起敬的是这所学校的建筑，这些整齐有序的、代表一个国家历史和文化的建筑，让人不由得生出一种崇敬，对科学的崇敬，对这所大学的神圣感的崇敬。置身其中，人们会思考在这种具有神圣魅力的背景之下，这个校园里有过什么样的学者和精英，他们为人类做出过什么样的重要贡献，会不由自主地想成为一个对得起这个地方的人。

韩茂莉与学生合影

微语录

- ※ 我们走进北京大学，在探索的过程中，始终有一个主题，就是科学。科学是值得我们一生去追求的。科学是神圣的，具有无穷的魅力，它开启了人类进入文明的大门，揭示了世界的本质和规律。

- ※ 真正的科学在具体成果的背后，是一个追求真理的过程。走进北大，就应该有一种责任感——在探索科学的过程中，追求真理。

- ※ 在过去，知识分子有另一种称呼，叫作"读书人"，这意味着知识是在读书的过程中拥有的。通过读书，在思索和观察中，形成自己的灵感。所以读书很重要，要触类旁通。

- ※ 一个真正的学者应该是科学和真理的追求者，也应该是一个理想主义者。理想主义者是有抱负的，这种抱负是一种对整个社会的责任感。

- ※ "知识就是力量"，因为知识包含着科学和真理。

- ※ 苹果落到地上成就了一个伟大的牛顿。探索、发现和创新往往来自寻常的观察与思考。

- ※ 世界这么大，任何一个国家、一个民族都有属于自己的精彩，即辉煌的过去和精彩的现在。交流是必要的。

※ 在了解别人的同时,一定要知道自己是谁。只有知道别的地方是什么样子,我们才能知道中国在世界上的地位究竟是怎样的。当我们知道了这些再来思考,更会觉得我们国家真的不错。

※ 一个好的老师要善于倾听学生的问题,对于所有的质疑和否定一定要认真思考,这样才能共同进步。

※ 职业不分高低。无论走入社会做什么,我们追求的精神应该在北大人心中留下来。成为北大人之后,我们有一份社会责任。

你自己的人生

李 彦

李彦,北京大学化学与分子工程学院教授,国家杰出青年基金获得者,教育部长江学者特聘教授。二十多年来坚持在碳纳米管研究领域耕耘,在 Nature、Science 等刊物发表论文 200 余篇。作为第一完成人带领团队获得 2020 年度国家自然科学奖二等奖和 2017 年度教育部自然科学奖一等奖;获得"全国优秀科技工作者""全国三八红旗手""中国化学会-赢创化学创新奖"杰出科学家等荣誉,享受国务院政府特殊津贴。曾入选英国皇家化学会会士,获聘东京大学杰出访问教授,兼任 ACS Nano 副主编及 Chemical Society Reviews、Materials Horizons、Carbon、Nano Research 等期刊的顾问编委或编委,并先后担任多个国际学术组织的委员。曾获评"北京市高等学校教学名师""北京大学十佳教师""北京大学十佳导师"等,获得北京大学德育奖。

学会欣赏自己和别人的人生。

李壹

李彦：很高兴今天能有机会跟大家交流，分享一些我的人生体验。希望大家畅所欲言，不必拘束，我们可以针对大家感兴趣的一些问题，交换想法、交流意见。

学业道路的选择：读博还是读硕

学生：我是工学院大四的学生，已被推荐免试攻读环境科学硕士，我之前特别害怕读博，所以暂时只计划读硕。现在大四过了大半，我听到很多人讲，读博比读硕可能会有更多的收获。读硕一年用来上课，一年找工作，能认真学习的时间也就中间一年，但读博的话有三年时间可以做学术，是一个从量变到质变的飞跃。您怎么看这个问题？

李彦：这是显而易见的，化学与分子工程学院从1999年开始就只招五年制的硕博连读生，五年的时间能让学生有一个非常完整的训练和体验。做研究需要很长时间去学习、训练，然后去尝试、经历成功与失败，最后获得独立开展科研工作的能力。如若你将来不从事科研相关工作的话，那读博就是一个可选项，可以选，也可以不选。可如果你将来打算做科研相关工作的话，那博士的训练是必需的，而且只读博士还不够，可能还需要博士后的过程。通过这样完整系统的培训，你才可能更好地具备全面的科研能力。如何选择最主要是要看个人兴趣，也有很多同学读硕士，目标很明确，知道自己将来要干什么，那选择读硕自然是可以的了。可如果你还没有想清楚硕士毕业以后要从事什么职业的话，我觉得读博士还是挺好的。

学生：您在选择研究生的时候，会如何去衡量一个学生适不适合读博、是否能顺利完成博士学业呢？

李彦：这个问题，每个老师的标准可能不一样。就我而言，我觉得我见过的学生当中95%或者更高比例的学生都是没有问题的，都能够顺利拿到博士学位。至于选择研究生，首先要看这个学生对研究有没有兴趣，有没有实事求是的精神，这是对我来说最重要的两个品质了；其次，我还要考虑他是否具备团队合作的精神，愿不愿意跟大家合作，因为现在的科学研究都是需要很多人协作才能够完成的，所以团队合作的能力和精神非常重要。

学生：我在实习的时候发现，公司里许多项目经理都是博士。我觉得似乎不仅仅是科研，还有许多其他工作，对博士的需求也是很高的。用人单位会觉得博士毕业生有更高的学历，能够更好地操作整个项目，而硕士毕业生就是打工的。您对此有什么看法？

李彦：我觉得需要看是什么样的工作和怎样的团队领导。如果是跟研发相关的团队领导，那读博士自然是很有优势的，不读博士几乎不可能去做这个团队的领导的。但如果是去做一些比如推广、销售相关的团队领导的话，博士未必是一个必选项。如果是从事科研，尤其是一些大型名企，其研发团队的领导就一定需要有博士学位，不然别人都不服气，很难去领导他们。

做科研的动力来源

学生：我是化学与分子工程学院大二的学生。我在跟同学交流的过程中，明显感觉到有种悲观消极的情绪在同学之间蔓延，大家都觉得做科研这种"搬砖"工作非常累、非常苦，而且可能会担心前途问题，甚至前不久我知道一个本来挺喜欢化学的同学，去学了经济学双学位，这件事让我觉得非常感慨。您怎样看待这类事情？您认为在学术道路上前行的动力是什么？

李彦：其实，同学们有对未来的担心是好事。还有，我认为同学们对化学的兴趣不见得真丧失了，只是有时迫于现实或者周围环境，不得不去改变自己的兴趣，我觉得这种情况是可以理解的。但是，至于"搬砖"是不是辛苦的问题，反正我已经"搬"了几十年了，觉得还挺好的，所以最主要的问题还是兴趣，喜欢去做就一点都不会觉得苦。我知道有些同学通宵玩游戏，在游戏厅三天三夜不出来，这是很辛苦的，比"搬砖"辛苦多了。他为什么能待那么久呢？为什么还乐此不疲呢？那是因为他喜欢，对不对？同理，做科研、"搬砖"也是这样，你愿意去"搬"就不会觉得累，你不愿意去"搬"自然会觉得很累。将来进入社会，每个人的分工不同，生活也会很不一样，收入也不一样。可能大家认为光华管理学院的同学将来毕业了，都会有"高大上"的工作，赚好多的钱，很轻松。其实，第一，他们并不轻松；第二，他们赚钱也许很多，也许并不比你多，但如果你能创造出一个很好的发明造福人类的话，你也许就成了诺贝尔那样的人，不光是赚了钱，对人类也有贡献。关键还是要看你喜不喜欢，愿不愿意去做，如果有兴趣，就会很享受、很快乐。他们是他们，你是你，永远不要因为别人，影响了自己的人生选择。

学生：但是我们在做事情的时候，不可能预见到能拿诺贝尔奖，或者比如像您就是研究碳纳米管很多年。每个人可能都有自己感觉对的方向，但是有可能辛苦一辈子最后也毫无成果。

李彦：关于预见，谁也不敢说。我做科研，就是因为我喜欢做科研。我要做科研，不是为了拿奖，也不是为了发文章。我已经在做我喜欢的事情了，就已经达到了我的目标，我就很快乐了。

学生：其实从我个人角度来讲，我不排斥做科研，但我还挺希望做出来一些真正对人类社会有用的东西。

李彦：我觉得，做科研最重要的可能是在研究过程当中产生了一些新的知识，让我们对自然、对生命、对地球、对宇宙有了更深刻和更深入的认识。也许科研不能给我们带来显而易见的效果，但是它对人类的发展是很重要的，它也是有用的，对不对？而你们所说的有用就是另外一种，就是马上就可以奏效的，就像我研究出了新布料，布料可以做衣服，这是你们所说的应用。做科研的话，基本上就这两个目的：一是满足人类当下需求，对经济社会的发展产生积极影响；二是储备知识，在更长久、更长远的时间尺度里，让人类得到好处。所以，所有的东西都是有用的，包括做科研的时候，好多失败的非正面的结果。那些被否定的对我们也都是非常有用的，没有那些知识的积累，科技无法进步。有没有用是一个广义而非狭隘的概念。

学生：有的同学也许一开始对科研感兴趣，深入之后发现特别困难，以自己的能力无法解决，也许就不感兴趣了。这种情况应该如何解决呢？

李彦：这时候老师就要起到很大的作用了。在分配课题的时候，要根据学生的特点给他一些适当的课题，有些课题是之前就有基础的，那他成功的可能性是比较大的。但即便如此，还是存在很多不可预见性。当发现一个学生遇到了很大的困难，他不太有信心克服，这时我们会跟他多多交流，给他更多的指导和帮助，希望他还是沿着原来的方向做下去，如果实在不行的话，那就迅速转课题。

学生：能不能这样理解，就是导师有研究的直觉，可以判断这条路走下去是通还是不通的，以及研究的方向该怎样选择才能取得最好的成果？

李彦：谁都不是神仙，老师跟学生比起来，只是有更多的研究经验，可能有更宽的知识面和更丰富的人生阅历，所以做判断时可能稍微比学生要准一些，但也不可能料事如神。而且科学研究最大的特点就是不可预见性，我也经常跟我的学生说，你可以预见的东西往往创新性是不够的，科研中你意外发现的东西可能是更有创新性的。所以，首先我们要有预见，然后遇到问题要有新的解决方案，需要不停调整。

学会感受快乐

学生：我是信息科学技术学院大一的学生，我为自己规划了一条比较清晰的道路，以后要出国读博，然后从事科研工作。我一直觉得自己在为自己铺一条路，但铺路的过程我觉得很辛苦。我每天上完课，大部分时间都耗在图书馆，而其他同学可能在做社团活动或者学生工作之类的。我身边一些人可能持有这样的态度，就是与其去做那些比较苦的事情，还不如去做一些自己喜欢的事情。当然这其中也有两种情况：一种就是玩游戏；另一种就像我的一个学霸同学，他不那么看重绩点，业余时间读读书，我觉得他活得挺快乐的。我的问题是：我们在为自己铺一条路，画一张饼，也许是永远吃不到的饼，然后为它而努力，这样的态度是不是值得的？这条道路是不是可取的？

李彦：一方面，不同的人感到快乐的方式是不同的，可是没有一件事情是从头到尾都只会带给你快乐的。包括打游戏的那些同学，很可能他在玩的过程中也有不快乐的时候，只是你仅仅看到了他的快乐，并未看到他不快乐的时候。而你自己做的事情，快乐和不快乐你都感受到了，不快乐的感觉给你的感触一定更深刻。另一方面，我觉得大学生活是可以丰富一些的，可能你刚刚大一，还不太适应。当你慢慢学会安排自己的学习和生活的时候，你是可以腾出一些时间来做一些其他事情的，因为大学绝不仅仅只有念书和攻绩点或者是体验科研，参加社团活动、听讲座、看书，都会提高你的综合素质，都对你实现自己的目标十分有利。

一波三折：艰辛科研路

学生：我是信息科学技术学院大四的学生，我的本科生科研还有毕业设计都是在信息科学技术学院的物理电子所做的。您十二年磨一剑，您是如何度过这样漫长的过程的呢？听说您的课题组在《自然》(Nature)杂志上发表《单一结构碳纳米管合成》("Chirality-specific Growth of Single-walled Carbon Nanotubes on Solid Alloy Catalysts")的时候也是斗智斗勇、惊心动魄的，您能不能给我们讲一讲？

李彦：好的。首先我这十二年一直在做碳纳米管，这是我十二年中最重要的一件事情，其实我也曾想过放弃，差不多是 2005 年、2006 年的时候。记得有一次在"973 项目"总结会上讨论的时候，我说我已经丧失信心了，觉得已经没有办法了。我说唯一的可能性也许是做有机合成，可大家现在好像完全看不到有机合成的方向在哪里，不知道朝哪个方向努力可以把这样一个分子做出来。我其实想过改换方向，当时想改的就是碳纳米管的生物医学应用。2006 年，我想得更深入了一点，觉得我这个方法有可能是可以的，就派了学生去做，正好是 2007 年入学的博士生去做的，这个学生做了三年什么都做不出来。到了 2010 年，有一个山东大学的本科生保送来读研究生了，我就让他去做，他马上就做出来了。其实是碰巧了。这个学生确实各方面能力都比较强，做实验很认真，有钻研精神，也很投入。当时为了让数据更有说服力，我们需要一个吸收光谱，他花了好几个星期去做了几百个样品。他早上 8 点来实验室，经常干到第二天凌晨，每天从早到晚不停地重复去做，我觉得非常感动。

后来，投稿过程也颇费周折，我们认为所有的数据都做得很好了，可是别人还是有疑问，第一轮审稿下来，有 20 多个问题。第二轮返回去的修改稿，提供的审稿资料有 100 多页。100 多页当中稿子有十几页，大概有 40 多页是支撑数据和支撑材料，还有 40 多页是对这些问题的回答。我们认为回答得很充分了，可过去快三个月了，只拿到了两个审稿人意见，第三个审稿人一直没有回复。第一个审稿人说完全同意,第二个审稿人说只有两个小问题,但编辑说他已经等了两个多月,必须两个审稿人都同意才能收。我给编辑的上级主管写信,主管很负责任,马上就找了编辑谈,这时第三个人的审稿意见回来了,也是完全同意发表。又做了一轮修改,最后一轮是两个审稿人都同意,这才结束。

我们投稿的时间是 2013 年 2 月,而这篇稿件最终被接收是在 2014 年 2 月,历时一年。这一过程让整个课题组的所有学生都得到了很好的锻炼。做实验的时候是学生激励了我,让数据更充分;在投稿过程中,我比较坚韧的态度支撑着学生。

我没有任何经验可循,周围也没有人发表过这个东西,所以说,确实很艰难,当时还是有很大压力的。

学生:我对其中的过程比较好奇,这一研究经历了十多年的过程。博士生要面临发论文毕业的问题,一个博士生只有五年的时间,如果他这五年做不出什么成果,全部投入在这上面,他要如何毕业呢?

李彦:这个课题是我一个十二年的课题,很多任务我分解给不同的人去做。我是在全力以赴做这件事情,学生是花一部分精力在做这件事情。我前面提到的那个学生,他全力以赴做了三年都没做出来,可他还要毕业,所以我马上就给了他一个相对容易的课题,他完成了博士论文,也找到了很好的工作。我觉得要做科研就必须好好做,道理很简单，拿经费去做研究，有读博士的机会，这钱不是天上掉下来的，是我们从国家申请来的，必须对经费负责，不能挥霍掉却不去做任何事情。所以，双方就要共同努力把经费用好。如果我没有提供合适的课题，没有提供好的指导，导致学生完成不了的话，我要承担全部责任。可如果我帮你选择了恰当的课题，也给你提供了足够的指导，你还完不成博士论文，那就是学生自己的责任。

兴趣是最重要的

学生：刚才您说做事情最重要的是兴趣，那您如何看待对一件事情有兴趣可以拿来当作事业，而不是有兴趣只能当作业余爱好？

李彦：我以自己为例吧。我上高中的时候，最喜欢的科目是化学，其次是英语，而且我的化学和英语也确实学得最好。后来我选了化学作为我的专业，而没有选英语。因为我要选化学，所以我学了理科。我当时想的是，选学化学，自己还能继续学英语，而如果选英语的话，我就没法学化学了，就这么简单。因为我的英文还可以，跟国际同行交流就比较容易，这对我帮助很大。说起其他的爱好，我挺喜欢爬山的，有一段时间也特别想背上背包去周游世界。现在这几年，我就觉得做科研挺有意思，我觉得做我现在的工作——教书、带学生和做科研已经带给了我太多快乐，我不想太贪心，不想再得到更多了，所以基本上娱乐比较少。

学生：我感觉我从小比较感兴趣的就是书法和绘画，但我自认为还没有那种天分能成为大师，所以也不能将其作为终身事业。我现在学的专业，可以学进去，但是我对它并没有太大的兴趣。

李彦：还是拿我自己的体会来举例子吧。我学了化学以后又面临下一个选择，就是分方向，我喜欢学有机化学，而且觉得自己有天分，但我到了大三要分专业方向的时候，老师非要让我学无机化学，因为当时想学无机化学的同学比较少，辅导员就说必须要有一个学习好的班干部带头，我是不二选择，没有其他人选。我去跟老师讲道理，可是老师说没有什么道理好讲，就这么决定了。我轻易不掉眼泪的，但那次哭了两天，最后老师也没办法了，说："你成绩这么好，肯定能保送研究生，到时候全系的导师你随便挑，你第一个挑，没人跟你抢，不是可以想学什么就学什么了吗？"老师已经这么说了，我只能到无机化学专业去学习了，很快就进到课题组做科研，一做科研就喜欢了。

实际上"认真"很重要，如果你做的事情不是你最喜欢的，那就先去认真做，在认真做的过程当中，如果你肯钻研，钻研后又取得了一些小成绩，就会有点成就感，这就会激发你的兴趣，成就感越来越多，兴趣也就越来越强烈。所以在不知道自己对什么感兴趣的时候就先试着喜欢，试着投入手头在做的事情，可能后来就会喜欢上了。我所有课程成绩里无机化学是比较差的，但最后学了，而且很感兴趣。就像你，可能对书法、绘画很感兴趣，将来做经济方面工作的时候，这潜移默化就会影响到你，很多事情你不知道它何时会帮助到你。

重视学科交叉与思维训练

学生：上大学以来，我有这样一种感觉：大一学高等数学，学完之后，大家可能很快就会全都忘掉。之后可能上完一学期的课，就忘掉一学期的课，最后只做自己感兴趣的事情。我是想以后能不能做一些多学科交叉的工作。

李彦：一方面，学校让你学一门课，不是让你学完全部还给老师的；另一方面，你觉得你全部扔掉了，其实并没有，那些数学方法和物理理论已经深入你的骨髓里了，你不知道什么时候就会用到它。所以说，真的不是全部还给老师了，而是你学了，它就在帮助你，你只是有时候感觉不到罢了。你在课堂上学的好多知识都是这样的。我以前也没有这样的感觉，从我教"普通化学"开始，就琢磨自己每天是怎么做科研的，才发现原来学过的基本原理、基本概念我一直都在用，只不过我都是下意识地在用。所以还是要学，而且要学更多。我一直认为做化学研究的人，数理基础好的话，前途是不可限量的。我组里的学生，我都动员他们学固体物理，去听物理学专业的课，这些都是非常有帮助的。而且现代科学研究没有哪个老师不做交叉研究的，包括做有机合成的老师，也会用到好多物理和数学的知识，没有办法不涉及其他领域，只做化学。所以我跟信息科学技术学院和物理学院的老师有很多合作，有的有十几年的合作；还有些问题需要计算方法，要请教数学科学学院的老师；跟生物、医学专业的老师也都有合作。

学生：我是社会学系大一的学生，高等数学只学了半年，之后便没有了。但是，我觉得一旦缺少像数学这样的东西，某些思维就像受到了限制，脑子像生锈了一样。而以自己的基础来看，觉得自己好像又没有能力再去接触一些跟理科相关的东西。您有什么建议？

李彦：我觉得北大这个平台还是挺好的，我不知道别的系的情况，起码就化学与分子工程学院来说，我们面向全校开设一些基础通选课。我相信其他院系也会有一些类似的课程设置，数院我不知道是不是有类似的课，如果你想加强数学学习又找不到相应通选课的话，你不妨去选一些C类的数学课程。C类的数学相对来说容易一些，跟着老师听听课的话，可能会对你的学习有帮助。

学生：刚才您提到您当时在英语和化学中做选择时想到因为选了化学后还可以学英语，于是选择化学。这是不是意味着我们年轻时应该先选一些比较困难的事情，深入进去？

李彦：是，所有本科生一入校我就跟他们说，你要是不怕数学的话，就多学点数学吧，不怕物理就多学点物理吧，因为这些东西在年轻时学很容易，打下这个基础的话，之后就用得到了。即使是你后来忘了，再拿起来也很容易。若你当时没学，后来再学就困难许多，你学了这些比较通用的基础知识，以后做任何事情都能从中获得帮助。我觉得咱们学校推广通识教育的做法是很值得提倡的。你要是一开始就进入一个非常专业的领域，其实大大限制了自己的发展，所以年轻时多学点难的知识很好。

学生：我的一些小伙伴对数学不感兴趣了，可以去转学物理，学物理觉得不行了去转学金融或者化学，读化学觉得不行再转其他的也可以。但我们有种水往低处流，没办法再往难的阶段跃升的感觉。

李彦：我觉得不是这样。例如，你在环境科学与工程学院读书，觉得自己好像相对在学科下游，而不是在学科上游学数学、物理，但是你还是有机会去学很多这方面的基础知识，这样你将来在环境科学方面发展时，能有更扎实的基础，这与我动员我们化学系的学生去学固体物理是一样的，你仍然有机会去学数学、学物理、学化学。我有不少学生还去选心理学、机械方面的课程。我的学生也有学数学双学位的，后来就去读材料工程了，关键是你对自己的要求。

学生：那在研究课题的选择上是不是应该选一些较有

困难的选题呢？

李彦：我觉得困难都是相对的，课题的难易对每个人来说是不一样的。通常选一个对自己来说有点难度的课题比较合适，没有难度就没有挑战性，不能把你最大的潜能激发出来，但是特别难，难到你无法完成的话，那就没有意义了。所以要有一个恰如其分的难度，要挑战一下自己，这个很重要。

坚持治学的动力

学生：除了对学生的责任感和个人的成就感之外，还有什么力量让您一直坚持下去呢？我以前打游戏，痛苦的时候也很多，最后戒掉了。

李彦：痛苦也有很多，是吧？

学生：对，我有一个很要好的高中同学，他在化学与分子工程学院，现在正准备转入信息科学技术学院，因为他觉得学化学和他预想的差别很大。我觉得如果兴趣不是特别大的话，那是不是只有靠类似责任感或者成就感等一些外在的压力才能让自己一直走下去呢？

李彦：外在的压力和成就感确实是一个很重要的外力，但本质上还是要靠自己的动力。我觉得不停地挑战自己还挺有意思的，就像那些去登珠穆朗玛峰的人，不就是在挑战自我吗？我们做科研也是这样。挑战自己，就会觉得很有成就感,很满足,很开心。虽然这个过程也许很痛苦,可正因为有了痛苦的过程,在取得一点成绩的时候才会很开心。所以若想快乐,就得先体会过痛苦,痛苦的感觉是让你感受快乐的一个必备条件,没有痛苦的感觉你就感受不到快乐。

学生:但痛苦之后未必就会有成就。

李彦:对,不是每种痛苦都会带给你成就的,但是你在积累了一定痛苦的时候,它一定会带给你快乐。所以你要学会让自己在痛苦当中找寻快乐和享受痛苦,这是一种很了不起的能力。我就觉得自己特别能够享受痛苦,当我遇到很多很难的事情,别人觉得我无法承受的时候,其实我也没觉得多痛苦。这可能跟我们这代人从小不是特别顺利、生活压力较大、经历各方面的挫折较多有关系。我觉得自己经历的痛苦和挫折并不少,但是其他人可能就会觉得我很顺利,会跟我说:"李老师,你多顺啊,16岁上大学,顺顺利利念下来,35岁就当了教授,简直是一帆风顺。"但跟我特别亲近的一些人就觉得我特别不容易,真的每一步都走得非常艰难。不同人对同一件事的感觉是很不一样的。还有,你可能总觉得别人比你过得好,那是因为别人的痛苦你没有体验,你只看到他快乐的一面。所以你必须知道,其实所有人都不是一帆风顺的,都是有痛苦的。你认可这一点的话,痛苦感马上就降低了。

学生： 我觉得这可能更取决于一个人看问题的视角。

李彦： 对，我其实是一个看问题很积极正面的人，我觉得任何一件坏的事情从某个角度来看也会有好的一面。如果你心态积极的话，也会让周围跟你打交道的人感觉到积极、乐观的情绪，营造出快乐的氛围，你自然就容易成功。如果别人提出让你做一件事，你的第一反应就是去否定它、抵触它，抵触了再去做，那你肯定会觉得很痛苦、很难；反之，若是你试着先去接受，然后再去想怎样把这件事情做好，那你岂不是会觉得快乐？跟你打交道的人是不是也会觉得快乐呢？你没有抵制，没有抵触，而是很积极地配合。这也是我最近几年才慢慢想开的，觉得自己也快乐多了，顺利多了。

学生： 您刚刚讲到受挫折的问题，可我现在就已经感觉自己好像受到了很多挫折，又觉得生活挺累的，要学那么多东西，每天连轴转，有那么多的课，还有那么多作业要做，觉得很累。心里又一直很担心：万一自己做得不成功，最后失败了怎么办？

李彦： 首先，你能来到北大，除了实力还得靠些运气，你已经很幸运了。然后，你想想，北大这个环境给你提供了很好的、别人不具备的条件，你面对的都是中国最好的老师、最好的同学、最好的科研条件和最自由的环境。但它必然还有一些负面的东西存在，比如给你带来挫折感，周围是最优秀的一群人，你想成功，你想比别人强，这很难。你看到周围的人都那么牛的时候,肯定就会觉得有点自卑,有些挫折感,这其实很正常。在这么优秀的一群人当中,没有挫折感那是不可能的,这样去想的话,那你的痛苦就会减少很多了。而且我一直跟学生说,你在北大也不一定要冒尖,只要你在这个过程当中不掉队,你就很成功了。不要把上北大这么一件好事变成坏事,因为你如果没来北大,到其他高校,你们可能都是轻轻松松就能拔尖的人,这样想你就会很自信,有很多成功的感觉。虽然这种自信对你的成功来说是很重要的,会奠定你一生成功的基础,但是因为你在北大,可能你非常费劲也未必能跑到前头去,所以你会觉得有很大的挫败感,然后就不自信了,你就把本来的一件好事变成了坏事。你应该知道你所处的群体不一样,所在的环境不一样,你在这个群体当中只要不垫底就应该有成就感。

学生: 我有时候比如说考试前很焦虑,就给我妈打电话,我妈会说别看书了,别学习了,吃个饭,睡会儿觉。有时候我觉得这么说挺对的,放松一下也挺好,但有时候又觉得,我已经这个年龄了,这样是不是太没有斗志了。

李彦: 这是一个非常有效的调整情绪的方法。我的学生做实验做不下去了,老碰壁,我就建议他出去转一圈,打会儿球,这确实是非常有效的。因为有时候你的思想进入了怪圈,焦虑可能让你更加想不清楚问题,这个时候你需要把它放下来,之后你换一个角度去看,换一种思路去想就好了。所以我想你稍微调整一下情绪，就没那么焦虑了，再过两年，考试就不紧张了，考得多了慢慢就习以为常了。在上大学以前，我相信你们考试时已经不会太紧张了，因为已经考了很多次了，慢慢习惯了。到了大学以后又重新紧张焦虑起来，因为考试的感觉跟中学考试不一样，所以需要一段时间去适应、去磨合，到了高年级就不紧张了。

学生：我上次听到有个学姐在我旁边打电话，她那段时间忙于准备案例大赛，还赶上期中考试和实习的面试，特别忙，她已经熬了好几天夜了。她妈妈对她说："不要这么忙，放松一下。"她说："我不这样做将来结果不会好的。"她妈妈又说："我上学那会儿就没你这么忙，你看我现在不也挺好的。"然后她就跟她妈妈说："我觉得你现在没有很好啊……"

李彦：我遇到过一个小孩也是这样，白天上课都犯困，晚上还去熬夜。我说效率很重要，你的确需要努力，但是努力并不是用时间来衡量的，而是用花了多少心思去衡量的，效率乘以时间才是最终的结果。拼时间是没有用的，在没有效率的时候，即便24小时坐在那儿，24乘0还是0。生活状态好，心情愉快，效率才会越来越高，千万不要死拼体力，太得不偿失了。结果考完试，那个小孩成绩排名很差。他还跟我辩论了半天，说高中就是这样，必须要比别人用更多的时间。可是我想：晚上通宵念书，上课就睡觉，怎么可能效率高？上课有老师教你，不是效率高一点嘛，结果上课的时候你全在睡觉，晚上又去熬夜。

挑战自己，选适合自己的路

学生：我记得李老师以前说过，总跟别人比肯定有不足的地方，所以关键是只需要跟自己比，只要能进步一点其实就非常好。

李彦：是这样，挑战自己，跟自己去比。跟别人比没有任何价值，你这方面比他强，他那方面比你强，你看你要如何去比呢？而且有些事情你也没法比，他就个子比你高，你再比也比不过啊！

学生：现在大家都热衷于给自己贴标签，我绩点怎么样，我是某社团负责人等。据我所知，大多数准备出国读书的同学，在申请一些学校的时候，没有以自己感兴趣为首要目标，他们的首要目标都是申请到一所名气非常大的学校，甚至申请一个自己并不感兴趣的专业，纯粹就是觉得拿这个标签来贴在自己身上很好。

李彦：其实他也是在做他感兴趣的事，他感兴趣的事就是贴标签，所以你可以选择不做那个贴标签的人，而是选择去做自己喜欢做的事情。我觉得什么方式都可以接受，就是要看你的选择，他喜欢那样他去做就好了，我不喜欢那样我就不去做，每个人选择自己想做的事情，并且按照自己想做的方式去做，这才是最重要的。在十年以前我也许会笑话他，我会觉得，他那样做，给自己贴那个标签有什么意义啊！但现在我觉得能接受，我也可以赞赏他，因为他想给自己贴标签他就贴上了，还是很值得我们敬佩的。

学生：我会有这种感觉，当身边的人都在贴标签的时候，如果我不贴，就落后了。

李彦：不要去跟别人比，就是挑战自己。我觉得，人活在世上，完全不跟别人比是不可能的。但是你要知道，并不是所有事情都能够跟别人去比的，关键是你自己最看重哪方面。我认为这件事情对我最重要，这件事情上我比其他很多人做得都强，这就够了。不可能所有的事情都要去跟别人比，天底下没有任何一个人可以做到那样。

学生：大多数理科生毕业之后不想找工作，就选择了保研。您认为这样的选择对吗？

李彦：保研这件事，有两种情况：一种情况是像我这样，我从小就知道，我想当老师，上了大学我就想以后我要当大学老师，同时做研究，那没什么好说的，我必须去读博士，这是不用去考虑的；另一种情况完全是随大流，这是要不得的。我们学院就有过好几个例子，因为到了国外不知道自己该做什么，花了不少钱和精力，最后退学回来了，其实就是他们当时没有想清楚自己为什么要出国。就是有这样一些人，看到许多人都保研，所以自己也去保研，或者说他现在没想清楚，先保研再说吧。这种人上了研究生以后，如果能想清楚一辈子要做什么还好，如果还想不清楚的话，后边可能就有些苦头要吃。

学生：许多同学毕业以后要在科研和行政两类工作中做选择，二者对人的能力要求是不是不一样？

李彦：其实所有的工作都有一项共性的要求：认真的态度，也就是常说的敬业精神。行政或科研工作对人的能力要求，其实并没有一个太绝对的分界线，比如与人沟通的能力就是科研和行政工作都需要的。

学生：从事任何一份工作，基本上所有人都是从零开始的，只要具备学习的能力，能够很快地学习到工作需要的东西，做任何事情都是可以的。

李彦：是的，的确如此，上大学就是培养学习的能力、解决问题的能力和创新的能力。一方面，学习知识是让你了解这些知识；另一方面，学习知识的过程是个载体，是种手段，去训练你学会学习，学会解决问题，学会一些思想方法。当然，有的时候知识也会给你意想不到的帮助。有一位比较资深的校友，在广东的保险行业工作，是跟化工相关的所有保险评估方面的"一把手"。所有跟化工和材料、医药相关的案子，他一站出来说话就非常具有权威性。他虽然从事保险行业，可用的还是化学知识。化学与分子工程学院有些博士生毕业后去了咨询行业，也有去银行的，我相信有两方面的原因：一方面是他们的综合素质比较强；另一方面也是这些公司或机构看中他们有化学知识背景，将来在做相关的案例或投资方案时，他们具备专业知识，比别人有更多的发言权和更好的判断力。

学生：您刚才说到交叉学科，包括学化学的同学应该学数学、物理，那您怎么看待元培设立的政经哲专业？我一直挺想转到政经哲专业学习，但我听到很多反对的声音，比如说可能会把一个人的精力分散掉，而且学分要求没有单独学一个专业那么高，担心基础打不牢，等等。

李彦：我对于元培学院的培养模式确实不太了解。但从我的基本判断上来说，我觉得这是一件很有意义的事情。当年我们设立元培计划的时候很多人是不支持的，但现在觉得它真的是一个方向。

交叉专业的学习关键在于平衡，面宽就会浅，深的话有可能窄。但假如你看重的是长远的发展，那你就先宽一点，在打下这个基础后，再朝一个目标去努力，基础宽了，去努力的时候是不是后劲更大？我觉得你可以去尝试，尤其是你觉得自己完全有能力和精力去接受更多学科挑战的时候。因为做任何一件事情，你都要放弃其他的，都会冒风险，不可能只有好的一面，所以要想清楚。有些事情不需要特别多的犹豫，反复犹豫就说明两件事情差不多好。要是很明确一个好一个不好，早就做决定了。实际上，选哪一个都行，都不会太糟，但如果因为犹豫导致两个都没选，都耽误了就不好了。有时候该下决心就要下决心，要干脆。

学生： 我觉得学校应该提供更多的机会，让我们什么都学一学，看看自己到底对什么感兴趣，然后再选择一个方向进行深入学习。

李彦： 对，但同时这是个双刃剑，给了你更多的选择机会，你就容易患得患失，拿不定主意，最后可能会耽误事，坏处也是有的。

学生： 所以需要学会选择。

李彦： 是的，要学会选择。选择从来都是痛苦的，因为选择就意味着放弃。但是你想想，其实你有机会选择是特别幸福的一件事情，如果不给你机会选择，人生就太没趣了。

工作与家庭的平衡

学生： 我是一个愿意做科研的人。有一个问题想请教您：科研人的家庭生活与从政从商人的是否有很大的区别？

李彦： 是会不一样，肯定会不一样，因为生活状态不同，人和人也不一样。首先是取决于个人，其次才是取决于你的职业。就像我和我的同事也非常不一样。有的人科研做得很好，也能够天天陪着夫人去转一转，在校园里牵着手散散步，很幸福，看着很优哉。另一些人就天天苦哈哈的。所以说还是看个人安排。我觉得做科研，如果找到了一个理解你的人，志同道合，会提供很多帮助，只要能够理解你的工作，就容易生活得幸福。如果工作环境使你接触了很多美好的东西，心态就好了，家庭生活也容易幸福，将来对孩子的培养等各方面可能也都更好。我觉得做科研对家庭生活来说正面影响是很多的，但也有很多人处理不好。做科研起步阶段实际上是很辛苦的，如果你对家庭投入的精力和关注不够的话，伴侣或孩子就会抱怨。

学生：我觉得老师生活中很忙，也要养育孩子。您怎么处理非常繁忙的工作和自己的生活？

李彦：我的原则就是极简。我做任何事情都是朝最简单的方向去努力。你看我的穿着虽然不是说完全不考究，但肯定不是特别复杂。特别复杂就需要花很多心思去想怎样搭配才好。简单的话，稍微用点心就可以做得不太差。我穿的颜色也特别简单，所以就不容易出错。我的衣服灰白黑蓝比较多，还有几件粉色的，抓两件随便一穿都没有问题。如果有红的还有绿的，就要去琢磨怎么配才能不冲突。我的衣服都是这样的颜色，任何两件放在一起都可以穿搭。我家里也是这样，特别简单，几乎没有任何的装饰。我的原则就是让自己的生活简单，工作也是，不要把本来简单的事情做得复杂，我跟我的学生相处得也特别简单，我们说什么事从来不绕弯子，绕弯子太没效率。

学生：您作为女性，在工作中有没有因性别有一些不同？

李彦：会有很多不同的地方。就工作本身来说，不管你是男性还是女性，工作对你的要求是一样的。但是工作方式肯定会有不一样，可能遇到的问题也会有不一样。比如说做科研是很社会化的事情，需要一个团队。不只是自己的科研团队，还要跟外面的人去协作，去申请科研经费，还要得到别人的认可。自然科学的学术圈里还是男性居多，女性想进入这个圈子，打动大家，相对来说有很多不利的因素。男士在一起聊聊天，吹吹牛，喝喝酒，抽抽烟，就成了朋友了，女性是没有这样一些机会的，对不对？所以你可能就要用其他的方式去让别人了解你。但我的想法是，女性做任何工作都不是天生弱势的，更多的方面是有优势的，就看怎么发挥优势，按你的特点去做事情。比如，女性通常有耐受力，做事更有恒心，女性看问题更质朴，更追求本真的东西。再比如，在做科研方面，一些男士更注重功利的东西，因为社会和家庭都会给他压力，所以他就更注重这些；相对来说，社会没有给女性这样一个期待，所以女性做事情可能会更基于兴趣和基于追求真实。而且女性比较善于倾听别人的意见和建议，善于去接纳别人合理化的建议，也能够更多地站在对方的角度去考虑、体谅别人，这样别人就比较愿意与之合作。其实，女性是有很多很多长处的，我觉得关键是怎么去发挥长处，回避短处。

李彦与学生合影

微语录

※ 老师跟学生比起来,只是有更多的研究经验,可能有更宽的知识面和更丰富的人生阅历,所以做判断时可能稍微比学生要准一些,但也不可能料事如神。

※ 在科研方面,可以预见的东西往往不如意外发现的东西更富有创新性。

※ 没有一件事情是从头到尾都只会带给你快乐的。包括打游戏的那些同学,很可能他在玩的过程中也有不快乐的时候,只是你仅仅看到了他的快乐,并未看到他不快乐的时候。而你自己做的事情,快乐和不快乐你都感受到了,不快乐的感觉给你的感触一

定更深刻。不要过分在意那些不快乐。

※ 大学生活是丰富多彩的。大一的学生在慢慢地学会安排自己的学习和生活之后，就可以腾出一些时间做些其他自己感兴趣的事情，参加社团活动、听讲座、看书，都会提高你的综合素质。

※ 论文发表在哪里对我来说不是最重要的，我最注重的是这项成果属于谁，我希望它是完全属于中国的。

※ 我们做研究的经费来自国家，而国家的钱来自税收，来自老百姓，因此我们必须对这些钱负责任，师生双方要共同努力实现经费的最大化利用。

※ 我年轻时也想过背上背包去周游世界，到了这几年才慢慢地发现，教书、带学生、做科研已经带给我很多的快乐，我不想太贪心。

※ 如果你现在做的事情不是你最喜欢的，那就先认真对待它，尝试着喜欢它。一旦取得了一些小成绩，随之而来的成就感就会激励你继续坚持下去。

※ 许多学过但暂时不会用到的东西并不像我们所想的那样完全被抛弃了，其实它们已经潜移默化地影响了你的思维方式，在不经意间会对你有所帮助。

※ 年轻的时候应该多学一些基础的知识，基础的知识意味着在任何地方都能运用。选择特别专的方向，实际一定程度上限制了自己。

※ 我觉得不停地挑战自己还挺有意思的。做科研的过程也许很痛苦,可正因为有了痛苦的过程,在取得一点成绩的时候才会很开心。一直喝糖水是感受不到甜的。

※ 痛苦的过程是感受快乐的一个必备条件。要学会享受痛苦,进而找寻快乐。

※ 虽然不同人获得快乐的缘由不一样,但是向长远目标迈进的过程一定会带给我们快乐与满足感。

※ 如果别人提出让你做一件事,你的第一反应就是去否定它、抵触它,抵触了再去做,那你肯定会觉得很痛苦、很难;反之,若是你试着先去接受,然后再去想怎样把这件事情做好,那你就会感受到快乐。

※ 一些同学来北大前,有强烈的自信心;来了北大,有了挫折感,不自信。这是正常的。老是跟别人比,自己肯定有不足;经常和自己比,才能有进步。你们要挑战的是自己而不是别人。

※ 同学们在北大,就好比森林中的一棵小树。在茂密的森林中,小树分到的阳光雨露并不丰沛,但贵在有很多一起比拼成长的树苗。

※ 努力不是看你花了多少时间,简单地拼时间没有意义,提高效率才是最重要的,人的生活状态也会更好。

※ 完全随大流是要不得的，每个人的人生态度不一样，实现人生价值的方式也不同。你要选择，要知道什么是自己想做的。单纯为了得到他人的认可而去做一件事是不可取的。

※ 所有的工作都有一项共性的要求：认真的态度，也就是常说的敬业精神。

※ 做任何一件事情，你都要放弃其他的，都会冒风险，不可能只有好的一面，所以要想清楚。有些事情不需要特别多的犹豫，反复犹豫就说明两件事情差不多好。有时候该下决心就要下决心，要干脆。

※ 选择是痛苦的，因为选择意味着放弃。但是有机会选择是特别幸福的一件事情。人都会有怀疑自己的时候，遇到事情要具体分析。更多时候，你要自信自己做出的选择是正确的，并为之努力。付出了很多的努力还不行，再去考虑换条路。

※ 我的原则就是极简。我做任何事情都是朝最简单的方向去努力。把本来简单的事情复杂化会耗费很多无谓的精力。

※ 女性做任何工作都不是天生弱势的，而恰恰是有优势的，关键在于怎么发挥这种优势。比如，在做科研方面，一些男士更注重功利的东西，因为社会和

家庭都会给他压力；相对来说，社会没有给女性这样一个期待，所以女性做事情可能会更基于兴趣和基于追求真实。而且女性比较善于倾听别人的意见和建议，善于去接纳别人合理化的建议，也能够更多地站在对方的角度去考虑、体谅别人。

理论创新与当代青年人的使命

林毅夫

林毅夫,北京大学博雅讲席教授,北京大学国家发展研究院名誉院长,北京大学新结构经济学研究院院长,北京大学南南合作与发展学院院长。1994年创立北京大学中国经济研究中心(现为北京大学国家发展研究院),并担任主任一职。2008年被任命为世界银行首席经济学家兼负责发展经济学的高级副行长,成为担此要职的发展中国家第一人;2012年任期届满后返回北大,继续从事教学研究工作。现任第十三届全国政协常委、国务院参事;曾任第十一届全国人大代表,第七届至第十届全国政协委员,第十届全国政协经济委员会副主任,中华全国工商业联合会专职副主席。已出版《解惑集》《园丁集》《战胜命运》《繁荣的求索》《新结构经济学》《从西潮到东风》《本体与常无》《解读中国经济》《中国的奇迹》等著作。

不忘初心，实现北大复兴民族的历史重担

林毅夫

林毅夫：非常高兴有这个机会，跟同学们交流。我特别喜欢这种方式，因为世界上伟大的思想家，不管是东方的还是西方的，大多是用对话的方式跟学生交流。中国的《论语》《孟子》是对话的形式，西方学者苏格拉底、柏拉图、亚里士多德的著作和印度的佛经也是以对话的形式阐述深刻的道理，我也是这样一种教学方式的践行者。

怎样才能实现中华民族的伟大复兴，是我自年轻时就不断在思考的问题。中国人在这方面已经做了很多尝试和努力，中华民族今天已经比历史上任何时期都更接近实现伟大复兴的时刻了，但是还没有完全复兴，"行百里者半九十"，我们需要加倍努力。一个知识分子怎样才能真正地为中华民族的伟大复兴做出贡献？为什么今天我们要谈社会科学理论自主创新？我认为要实现中华民族的伟大复兴亟须理论创新，不能仅仅照搬西方的理论，理论的适用性取决于条件的相似性。西方现有的社会科学理论基于西方发达国家的经验，以理论产生时发达国家的社会经济政治文化条件为暗含前提，发达国家的条件在变，西方国家的社会科学理论也在变。发展中国家的条件和发达国家不同，简单照搬西方的理论很可能陷入"淮南为橘，淮北为枳"的困境。当前，我们一定要解放思想，实事求是，深入了解中国作为发展中国家的特定条件，提出符合中国国情的理论创新，这样的理论才有助于"认识世界，改造世界"。

发展中国家的发展规律

林毅夫：我是一个研究经济发展的学者，是一个既关心中华民族伟大复兴，也关心其他发展中国家发展的知识分子。2008年，我在世界银行担任首席经济学家兼高级副行长，这不仅是中国第一个人，也是来自发展中国家的第一个人。在我之前，共有八任世界银行的首席经济学家兼高级副行长，他们都是来自美国和欧洲著名大学的大师级经济学家，不仅在学术领域有很大成就，也在政治领域有很大影响力。他们之中有诺贝尔奖得主，有中央银行的行长，有美国财政部部长、哈佛大学校长，在国际学术界有非常高的声望，是大师级的经济学家。

第二次世界大战以后，原来的殖民地、半殖民地国家纷纷取得了政治上的独立，很多人为了他们的国家和民族的现代化而不懈努力。从这一点来说，那些人和我们中国的知识分子是一样的。各个国家的知识分子都怀有一种朴素的爱国情怀，都愿意贡献个人力量助力国家发展，都希望他们的国家实现现代化、他们的民族在国际上得到尊重。第二次世界大战以后，有200多个发展中经济体，而到现在能从低收入经济体进入高收入经济体的寥寥无几，多数长期处于低收入陷阱或中等收入陷阱。大多数发展中国家从第二次世界大战以后，经过几代人的努力并没有缩小和发达国家的差距。发达国家从20世纪初以来，平均每年人均GDP的增长约为2%，发展中国家需要比发达国家的人均增长更快，才能缩小和发达国家的差距。但是大部分发展中国家的人均GDP的增长并没有比发达国家高，甚至更低一些，所以就没缩小跟发达国家的差距，甚至还在扩大。

那为什么从第二次世界大战至今，70多年的时间里，能够实现发展目标的发展中国家那么少？我觉得问题出在理论上。我在世界银行跟那么多发展中国家的知识分子接触以后，发现他们有一个共同点——照搬发达国家的理论。发展中国家收入水平低、贫困、有各种社会问题，而发达国家收入高、社会发达、经济繁荣、人民富足。人们会觉得发达国家之所以那么发达，一定有它的道理。学习理论的目的不就是认识世界和改造世界吗？把它们那些道理学会了来改造我们的国家，这样不就可以了吗？

但是我没有看到有一个发展中国家按照发达国家的理论来做实践，最后成功的。少数几个赶上或是真正大幅度缩小跟发达国家差距的国家或者是经济体，像日本，像咱们中国、越南这些发展不错的经济体，有一个共同的特性：推行的政策以当时的主流理论来看都是错误的。我举个例子。发展经济学是第二次世界大战以后从现代经济学中独立出来的一个新的子学科，第一代的发展经济学是结构主义。发展中国家赶上发达国家，有两个标志：一个是人均收入水平跟发达国家一样高；另一个是国防实力跟发达国家一样强。我们追求的目标就是民富国强。要让自己国家的人均收入水平跟发达国家一样高，前提条件是什么？是劳动生产率水平必须一样高。劳动生产率水平一样高的前提条件又是什么？是技术产业必须跟发达国家一样先进。所以孙中山先生提出"要迎头赶上"，发达国家发展什么，我们马上就发展什么。

因为人均收入水平要想跟发达国家一样高，劳动生产率就要跟它们一样高，所以要跟发达国家一样发展先进的现代化产业。

国防实力要想跟发达国家一样强，也是一样的道理。当时飞机、大炮、军舰、航空母舰靠什么来生产？是靠资本很密集、技术很先进的大产业生产的。所以不管是民富还是国强，都要去发展跟发达国家一样的先进产业。

这个理论非常有说服力，对不对？不发展先进的产业怎么能让生产力水平提高呢？但是，当时的经济学家发现这些先进产业在发展中国家靠市场的力量发展不起来，所以发展经济学理论认为存在市场失灵，有一些文化、习俗等所谓的结构性因素造成市场失灵。既然存在市场失灵，当时的结构主义理论就建议要通过政府来直接动员资源、配置资源，投资这些现代化的大产业，以提高劳动生产率水平，让国民收入水平可以跟发达国家一样高，国防实力跟发达国家一样强。

绝大多数发展中国家照搬西方主流的结构主义发展理

论，推行赶超战略，试图迎头赶上，在资本短缺的农业经济条件下建立和发达国家相同的资本密集型现代化大产业。由于违反比较优势的发展战略，优先发展的产业中的企业在开放竞争的市场中没有自生能力，只能靠政府的各种干预，直接动员资源、配置资源来建立这些现代化大产业，结果导致资源错误配置，效率低下，通常开始时会有几年投资拉动的经济增长，但是几年以后经济就会增长停滞，危机不断。

少数几个成功的案例如日本和亚洲"四小龙"在20世纪五六十年代是怎么做的？它们没有马上发展现代化大产业，而是发展传统的、劳动力密集型的、规模小的产业，出口这些产业的产品去换那些先进的产品，也就是出口导向政策。在当时的主流理论看来，发达国家发展现代化的大产业，技术先进，生产力水平高，你如果发展传统的、规模小的产业，就会永远落后，永远赶不上它，所以这被认为是错误的发展道路。但现在真正赶上的反而是这些采取"错误政策"的国家和地区。

20世纪80年代，许多发展中国家开始转型，当时主流的理论是新自由主义。这种理论认为发展中国家经济没搞好，是因为政府干预太多，缺乏像发达国家那样完善的市场制度，主张发展中国家要想改善经济绩效，就必须取消政府干预，建立和发达国家相同的完善的市场经济体制。可是，这种理论忘了原来的政府干预是为了保护在原来的发展战略下缺乏自生能力的企业之所需，结果在推行新自由主义政策时，经济崩溃，经济增长率甚至比采取结构主义政策时更缓慢，危机发生的频率更高。

当时我们改革开放推行的是"老人老办法，新人新办法"：一方面对原来的国有企业继续给予保护和补贴，另一方面放开一些劳动密集型产业的准入，实行双轨制。在20世纪八九十年代，一个主流的理论是：计划经济不如市场经济，渐进双轨制经济比计划经济更差。但是现在几十年过去了，在经济转型过程当中保持稳定并快速发展的，反倒是那些采取理论上"最糟糕"政策的经济体。中国是这样，越南是这样，柬埔寨也是这样。最早推行渐进双轨制改革的其实不是中国，而是非洲一个小岛国——毛里求斯。60年代它刚独立时，请了英国的一个著名经济学家，就是1996年获得诺贝尔经济学奖的詹姆斯·莫里斯替他们的国家发展把脉。他研究以后写了报告，报告上说这是一个完全没希望的国家。因为它很小，孤悬在印度洋上，远离欧美主要市场，当时人口只有几十万，只有那么大点儿的国内市场，而且是单一的甘蔗种植园经济，任何当时认为经济发展的有利条件在那里都没有。这个60年代独立的国家同样受到主流思想的影响，先推行了进口替代战略，但国家规模太小，推行不下去，所以70年代就开始改革。刚开始改革的时候跟中国后来的改革方式一样，"老人老办法，新人新办法"，设立加工出口区，加工出口区里面全部放开，积极招商引资，把我国台湾地区、香港地区的纺织业、成衣业招商引资到那里去发展。它现在是非洲最发达的经济体，人均 GDP 接近 1 万美元。

各位读书的目的是什么？书读得朗朗上口，好像能够把发展中国家的问题解释得很清楚。按照结构主义来看，发展中国家为什么落后，不就是因为没有发达国家那些先进产业吗？既然如此，要想赶上发达国家，靠市场发展不起来，政府就应该发挥作用。按照新自由主义的理论也可以把这些转型中的国家的问题讲得很清楚，有那么多资源错配、腐败现象，不就是因为政府干预太多吗？那么，就应该政府退出，让市场发挥作用。但问题是按照那样的理论做，会不会成功？

理论运用的条件

林毅夫：我讲一个段子，与诺贝尔经济学奖获得者约瑟夫·斯蒂格利茨有关。1997 年，北大中国经济研究中心请他来做报告，讲知识和学习对经济发展的重要性，他也做过世界银行首席经济学家。当时，我就发展的一个现象向他请教：为什么东亚经济发展得那么好，而拉丁美洲长期困于中等收入陷阱？他说，拉丁美洲跟东亚都有很多学生到美国学习。拉丁美洲国家学工程的学生留在美国，学经济的回去当总统、总理、部长。东亚地区正好相反，学经济的留在美国教书，学工程的回去当部长、当总理。还有一个段子，他问美国的秘密武器是什么，答案是经济学家，美国冷战的时候花那么多钱没有把苏联搞垮，后来派一个哈佛大学教授去当顾问就把苏联搞垮了。大家读书都有一种"西天取经"的想法，学好理论推动国家的现代化，其他发展中国家也一样。但我没有发现学好西方的主流经济学理论真能为国家的现代化做出多大贡献，学好西方的主流经济学理论说不定还会把国家搞垮。

我们都抱着"西天取经"的态度学习，你们有人对这个问题产生过怀疑吗？我想很少，至少我在你们这个年纪的时候我没有怀疑过。我在世界银行接触了那么多发展中国家的经济学家，不管他们是回到国内去，还是在世界银行工作，绝大多数人没有质疑过："为何要把发达国家的理论学好，然后用这个理论解释发展中国家的现象？"发展中国家的问题好像可以用发达国家的理论解释得很清楚，但很不幸的是，尚未有按照发达国家的理论成功地帮助发展中国家实现追赶的案例。这些知识分子回去，自己制定政策没搞好，世界银行等国际机构也没能帮助这些国家搞好。我们搞好了，而中国又不是按照他们的理论做的，道理是什么？其实这个道理也很容易明白，理论是揭示现象背后因果关系的逻辑，但理论大多是一个简化的因果逻辑。现在主流理论怎么来的？是发达国家的学者观察发达国家的现象，了解其背后的因果机制，然后形成一个内部逻辑自洽的理论来解释他们所观察到的现象。这个理论是否适用,取决于这个理论暗含的假设前提是不是与我们国家相同,如果暗含的前提不一样,那就不适用。我们应该明白,任何理论其实都是"刻舟求剑",不见得不对,但是暗含很多前提条件。舟不走水不流,刻舟能不能求剑?可以的!如果舟走了,水流了,刻舟就不能求剑。所以任何理论都是"刻舟求剑",都是一个学者根据他那个时代的现象,观察总结其背后的因果机制而形成的。

但是,发展中国家的条件跟发达国家不一样,拿发达国家的理论到发展中国家来,如果适用的话,就是"瞎猫碰到死耗子"。其实发达国家的现象总在变,所以发达国家的理论也经常在变化,如果发达国家的理论在发达国家都不能保证适用,怎么能保证在发展中国家适用呢?所以"西天取经"是不对的,这是发展中国家的一个最大的陷阱。

理论创新才是发展之道

林毅夫:我们现在的青年人要为中华民族的伟大复兴做贡献,就要多思考。中国有一句话"思路决定出路",思路来自哪里?来自我们对问题的了解,了解问题背后的道理,根据这个了解来采取行动。但是我们一般寻找思路的时候,却容易从理论去找思路,看到一个现象马上想书本上的理论上怎么说,然后就根据理论形成一种思路。我自己曾经这么走过，我想99%的同学也是这样，看到问题就找理论，教科书里面怎么说或者文献里的理论是怎么说的，由此形成对这个问题的判断。但是前面已经解释得很清楚，因为我们是一个发展中国家，一定有制度的落后性，我们是一个转型中国家，一定有制度的扭曲性。拿发达国家的理论来看，发达国家有制度的先进性，而且通常发达国家的理论还是理想条件下的理论，发展中国家一定不能满足它那些先进的、理想的制度的要求，既然是满足不了那些要求，从理论上一定可以推出很多不良的后果，看到发展中国家有这么多问题，很容易就让你相信是理论所说的那些原因造成的。

理论怎么来？理论来自对现象的观察，这就要求我们发展中国家的学者不仅要观察自己国家的现象，而且要去了解这个现象背后的因是什么，果是什么。在此基础上，建立自己的理论，进行理论创新，才能把握我们这个时代的脉搏。也只有这样，中国的知识分子才能为中国的发展贡献力量，才能承担起中华民族伟大复兴的责任。

如果我们能用来自中国的成败经验跟其他发展中国家的成败经验进行理论创新，而不是套用发达国家的理论，应该能够更好地为中华民族伟大复兴做出贡献。而且理论的适用性决定于条件的相似性——条件一样，理论就适用；条件不一样，理论就不适用。发展中国家间的条件应该比较接近。所以来自中国的理论创新，应该也有助于其他发展中国家的发展,能帮助它们实现现代化。我们讲中国梦,其实每个国家都有同样的梦想,每个国家的知识分子对他们的国家都有同样的责任感,但问题就是到现在为止很多人都相信"西天取经",都以为真理在发达国家,想到发达国家去学习,当好学生。来自发展中国家自己的理论创新太少了。如果我们能够进行理论创新,解决中国的问题,对其他发展中国家的参考价值也会更大。我们就会实现"己立立人,己达达人",我们就可以实现习近平总书记在多个场合引用的"一花独放不是春,百花齐放春满园",就可以实现我们中国知识分子所讲的世界大同。我觉得这是时代赋予我们的责任,如果我们能为中华民族伟大复兴做出贡献,也就能帮助其他发展中国家解决问题,帮助它们实现赶上发达国家的愿望。

个人命运与国家紧密相连

学生:林老师好!我是数学科学学院大三的学生,也在国发院上过课。您刚才主要是以发展经济学为主题在讲。我对微观经济学理论比较感兴趣,我想知道是不是中华民族的伟大复兴的理论创新就只局限于中国经济文化。从某种意义上讲,可能中国现在大多数经济学家的重点就落在这些方面,而我感兴趣的微观经济体系理论这块可能相对欠缺一点,但微观这块是不是也是重要的呢?

林毅夫： 我讲两点。第一点，不管是宏观经济学，还是微观经济学，研究的都是经济问题。发展经济学、宏观经济学、金融经济学讲的都是一个决策者面临选择的时候，在给定的条件下，有哪些选择方案，在这些选择方案当中哪一个是决策者认为最好的。这些其实都是微观的，宏观现象背后也是微观的人在做抉择。所以这一点我倒是受到芝加哥大学的影响，芝加哥大学没有宏观经济学、微观经济学之分。大家知道我拿到博士学位的论文研究的是中国农村改革。2016年，我写了一篇自己在经济学上三十年求索的回顾，我早期发表的论文都是在农业经济方面的，所以很多人称我是农业经济学家，在国际上和国内都是这样，但我发表的论文涉及国民经济的方方面面，对我来讲宏观经济、微观经济其实没有很大的差别，都是关于决策者怎么做决策。我讲一个具体的问题，芝加哥大学一个很大的贡献是提出货币是中性的，货币增加或减少不影响经济发展。大家知道，货币中性理论认为，在经济下滑周期放松货币，可以促进经济复苏的速度，但从长期发展来讲货币则是中性的。而在我的研究中，货币不见得是中性的，因为货币中性理论根据发达国家的现象，假定技术和产业已经在世界前列，并且，没有讲技术创新，也没有产业升级。在技术不创新、产业不升级的前提下，货币增加了，影响的只是物价水平，不影响实体经济的发展。

从我倡导的新结构经济学来说，经济发展是一个技术不断创新、产业不断升级的过程，技术创新、产业升级要投资，如果货币比较宽松，利率低，企业家投资的成本是不是低了？货币宽松了应当会鼓励技术创新、产业升级。技术创新快，产业升级快，经济发展就快，货币就不是中性了，微观的企业家的技术创新、产业升级的问题也就成了宏观的问题。所以不要限制说我只研究微观经济，或我只研究宏观经济，其实，研究的都是经济。这是第一点。

第二点，我觉得这个时代是一个大时代，你能不能抓住这个大时代的机遇在于你有没有抱负，"风声雨声读书声声声入耳，家事国事天下事事事关心"，有这样的抱负，才会发现发达国家的理论在发展中国家根本不适用。但是，任何经济现象都可以用经济理论来解释，现有的现象不能解释并不代表它不能用理论解释，而是要用新的理论来解释。我鼓励你们去听我的"中国经济专题"或是我现在讲的"新结构经济学"。中国的问题都能用理论解释，跟发达国家的理论有不同的观点。但是怎样进行理论创新呢？必须对现象有深入的观察，而且在观察现象的时候，不要一看到现象就去找现有的理论来解释。不要变成现有理论的奴隶，而要变成理论创新的推动者。怎样成为理论创新的推动者？当你看到一个现象的时候，去了解这个现象的本质是什么，经过对现象本质的了解，再来看它的决定因素是什么，如果把这几个方面想清楚了，就能提出解释这个现象的一个理论。也许别人已经提过了，那你就为他提供了一个新的案例；如果没有人提过，那就是一个新的理论。你要是没有"家事国事天下事事事关心"的胸怀，大概就很难了解中国的这些经济现象，所以这里不在于你是研究微观或宏观，还是研究其他，而是你是不是关心这个社会。中国的知识分子如果不关心中国的社会，怎么实现中国知识分子的使命呢？所以回答你的问题，有两点：第一是没有宏观微观之分，都是经济问题；第二是能否抓住这个时代的机遇，取决于自己的胸怀和抱负。

学生： 林教授您好！我是一名大一的本科生，来自新疆。我没有在场的学姐学长们那么丰富的阅历，而且不是经院的学生，就不问太学术的问题了。我对您的人生经历比较感兴趣，因为您的一生实在是太传奇了。我想知道您从世界银行重返北大、重回校园的这个过程有没有什么心路历程的变化和思想上的转变？还有就是：作为新一代的学生，如果要定一个小目标，您有什么好的建议吗？谢谢！

林毅夫： 回答你提的这个问题我觉得用好听的话说是"不忘初心"，用不好听的话说就是永远长不大的孩子。我在台湾出生，长大后到大陆，来到北大读书，这样一路走过来，很多朋友每次看到我都会说：你怎么总谈论一样的问题啊？就像你问我为什么回到北大来，其实这是很自然的事情，因为我心里有对这个国家、对这个社会的担当，这是第一点。其中一点心路历程都没有，就是这么简单。我觉得这条路就是该这么走，没有什么取舍。

至于个人的小目标,我想最重要的是真实地面对自己,发挥个人的能力,天生我材必有用,让自己的能力得到发挥就能有成就感,就是对国家和社会的最大贡献。

学生:林教授您好!我是数学科学学院大一的新生,我想问您两个问题。第一个问题是:理论创新很多时候是有代价的,因为它是对传统的旧有观念的一种颠覆,同时很有可能会得罪一部分既得利益者,像马寅初校长当时提出人口论就招致了非议,还有像以前计划经济时代提出要市场的那些学者也遭受了很多的责难,您如何看待这种现象?第二个问题是:很多人年轻的时候满怀理想,以天下为己任,可是后来或趋于权势或媚于流俗,您对此有什么看法,以及对我们青年有什么建议?

林毅夫:很好的问题,这两个问题其实是一个问题,值得思考。首先,《孟子》中有"自反而缩,虽千万人,吾往矣",如果你主张的这个道理是对的,即使大家都反对,那也应该义无反顾地往前走。真正影响社会发展的是思想,我在芝加哥大学的导师舒尔茨研究人力资本,也研究农业经济,他有一篇文章研究的是欧洲国家300年来的社会变迁与社会思潮之间的关系。他发现,300年来欧洲的发展中很多的社会变迁受到了当时思潮的影响,但是经验证明大部分的思潮没有给社会带来进步。我们发展中国家形成的思潮,失败的概率更高。这种状况之下,我们作为知识分子的责任是什么?是希望自己提出的东西得到社会的认可，然后自己可以升官发财，但是结果却是社会倒退？还是说我们想真正推动社会的进步？如果你想真正推动社会的进步，那就肯定要对社会问题有所了解，弄清问题背后的原因是什么，提出自己的解释。如果你真的不忘初心，承担社会进步的责任，那就应该是知无不言，言无不尽，即使别人都反对，也义无反顾、勇往直前地去倡导。担心别人批评你，那你是为了个人，不是为了国家。要看自己的目的是个人的升官发财，还是国家社会的进步，只要这个问题想清楚了，答案也就清楚了。

学生： 林教授您好！我是一名大一的新生。经济学应该算是非常热门的专业，而哲学几乎可以算是最冷门的专业，它属于人文学科。研究哲学，似乎没有对国家的发展有非常显著的直接作用。您认为经济学和哲学在社会发展过程中是否能够结合？如果两者结合，应该采用怎样的方法？谢谢！

林毅夫： 我个人的看法是任何学科的存在都有它的价值，任何学科的存在都可以对这个社会的进步做出贡献。我在芝加哥大学读书的时候，有一个研究人力资本的老师——诺贝尔经济学奖获得者贝克尔。有一次他女儿问他怎么选择专业和职业。他讲了两点，我觉得这是我听过的所有关于专业选择和就业选择最好的答案。第一，选一个你得心应手的，做起来相对容易的；第二，在你得心应手的各种科目行业或者是专业当中，选一个你真正喜欢的。我觉得如果你按照这个标准来选择，个人价值跟国家社会的价值是一样的，对个人的回报跟对国家社会的回报也是相同的。

不管想在哪方面成功，一定要很努力。你怎么样才会真的愿意努力地去工作，那一定是做你喜欢的事情；如果是做你不喜欢的事情，你绝对不会非常努力地去工作。什么东西你才能喜欢呢？一定是你做得来的。如果你做不来，即使花大力气去做了，你的挫折感也很强。比如说学经济学，要用很多数学知识，如果你数学不好，那今后付出再多努力去做，你也做不好，做不好内心就会很受挫，受挫就很想躲避它，怎么会努力呢？所以你要想有成就一定得选择你做得来并且喜欢的事。你做得来的事情有很多，从中选一个你真正喜欢的，就愿意"衣带渐宽终不悔，为伊消得人憔悴"。如果你这样做了，当然有一天就会真正悟到其中的奥妙，然后就可以进行理论创新，推动社会进步。而且你如果真的做得好，你写的书就能够影响一代人。大部分人对哲学还是挺感兴趣的，人生的目的是什么，人生的追求是什么，在这样一个转型中的社会里面有那么多的社会矛盾，怎样来判断这些问题，都需要哲学来回答。但是现在很多人，尤其是年轻学生的家长，通常是哪个行业热门，就要自己的孩子去学与那个行业相关的专业。我觉得如果说在热门行业的工作正好就是你得心应手的，而且你还真的喜欢，那当然可以去做，要不然的话最好不去，因为失败的概率太高了。如果这个行业很热门，就代表很多人选择,很多人又是天才,而且他们是真的享受做相关的工作,而你不是真正喜欢也没有那个才能,你去做的话失败的概率就太高了,还不如选择一个自己喜欢、能做好相关工作的冷门专业,选的人少,成功的概率还高。所以我觉得在想清楚这个问题以后,国家、社会、个人都是统一的,既然我们的国家这么大,需要的当然不会只是经济学而已,因为社会是多元的,还需要社会学、政治学、哲学……但是不管是经济学、社会学、政治学,还是哲学,都要反映这个时代,都要创新,中国现代化也很需要哲学家,发展中国家也需要哲学家。我们现在读的哲学都是法国的哲学、美国的哲学,那是用来解决发达国家的问题的,可是怎样解决中国这样一个发展中国家、转型中国家的问题呢?所以说,这是多大多好的机会,金矿就在那里,要学会挖金矿。

我经常对同学们说,不要坐在金矿上面去挖煤矿。什么叫作挖煤矿呢?发达国家做什么、主流做什么就跟着做,这叫挖煤矿。放弃我们的比较优势,即使写出来的文章能发表,顶多也是给人家写脚注。而我们这里本来有理论创新的需要,机会就在这个地方,却不去了解现象背后的道理,把握理论创新的机会。当然,你要去挖金矿的前提是关心这个国家,关心这个社会,把建设这个国家、建设这个社会当作你自己的责任。如果你能这样做,你个人的价值跟国家的价值就是统一的,而且你只要做得好,自己内心能满足，也会得到社会的承认。

学生：林教授您好！我是法学院国际经济法专业二年级的博士生。我有个问题想请教您，现在国家对外贸易发展非常蓬勃，那么我们社科类的学生，应当如何结合国家的对外贸易发展战略来规划自己的选题方向？

林毅夫：我刚刚已经回答了。第一，你能做什么；第二，你喜欢做什么。按照这两点规划，你将来对国家和社会的贡献绝对大于因为热门而跟着去做所产生的贡献。很多道理是相通的。比如说法律，有法律条文，也有法律哲学，还有法律的基本法学精神等。把这个想清楚，根据自己的能力，从这一点上把自己跟国家相连。比如说海洋法突然变得很重要，如果一个本来对海洋法感兴趣，对中国跟周边国家的历史感兴趣的人，因为当时这个学科不是热门不去读，而是选了一个不是很感兴趣的专业，那他大概也不会做出很突出的成绩，而且读不感兴趣的专业也会有挫败感，可能到了五六十岁就未老先衰。任何学科的存在都一定有道理，一定有需要，更何况你如果把研究做好了，那就是站在世界前沿。比如说我刚回到国内的时候，人家老是问我世界理论的前沿，好像发达国家研究的才是前沿，但发达国家的理论其实只是为了解决发达国家的问题。地球是圆的，发达国家的问题是前沿，我们中国的问题也是前沿。他们头上是天，我们头上也是天，我们都是顶天立地，都是前沿。

1995年,《经济研究》创刊40周年请我写了一篇庆祝文章,我的文章标题是《本土化、规范化、国际化》。在这篇文章里我谈到,21世纪会是中国经济学家的世纪,而且不仅是经济学家的世纪,还是中国社会科学家的世纪,是全世界社会科学的大师在中国辈出的世纪。现在二十几年过去了,越来越多的人赞同这个观点,但当时一般人并不理解。我考虑任何问题都喜欢思考它的本质是什么,理论的本质是什么。理论是解释社会经济现象的一个简单的逻辑体系,这个逻辑体系说明了这个现象背后的因果关系。既然理论的本质是一个简单的因果逻辑,又怎么能说哪个理论是重要的理论?其实,重要国家的现象就是重要的现象,解释重要国家的现象的理论就是重要的理论。从工业革命以后一直到第一次世界大战,英国是全世界的经济中心,英国就是世界经济学研究和大师辈出的中心,一战以后这个经济中心逐渐转移到美国,第二次世界大战以后美国变成全世界的经济中心和经济学大师辈出的中心。21世纪,中国会变成世界经济中心,在中国的经济现象就是重要的现象。

社会科学中,政治学、社会学、心理学等和经济学是一样的道理。其实,自然科学的研究中心也是随着经济中心的转移而转移的。我们知道发达国家在前沿理论上的研究,花的钱占其GDP的比重相差不大,大多为2%、3%。到21世纪中叶,中国的人均GDP大约是美国的50%,经济规模是美国的两倍。如果我们在前沿理论研究上面花的钱，也按此比例的话，那就差不多是他们的两倍。我们的人口是美国的四倍，人才是它的几倍呀？因为自然科学理论创新取决于两个条件：一是投多大的资源进去，二是有多少人才。我们的人口是美国的四倍，所以我们的人才也应该是美国的四倍。我们投入两倍的资源，有四倍的天才，那我们至少应该有八倍的成就啊！

所以只要我们能够真正实现中华民族的伟大复兴，在自然科学领域，不管是化学、生物、物理，还是其他学科，将来的大师也会大多出自中国。这是时代给我们的机遇，在哪个学科里都一样。

通过本体与常无观察理解万物

学生：林教授，您好！我是光华管理学院一名大一的学生。您刚刚讲到我们要有一种胸怀，有一种抱负，来实现理论创新，然后您又讲到"思路决定出路"，我们需要对社会进行观察和了解。那我们怎么能够有更好的方法去更充分地了解这个社会，更好地观察社会？

林毅夫：这是一个很好的问题，最重要的是关心，不见得说一定用什么方法，比如你多参加社会实践，最重要的就是你要知道"失之毫厘，差之千里"。很多人碰到现象，就去找教科书，找文献，找别人怎么说。如果这样的话，即使去搜集资料，你也不会了解现象，你只是在验证过去的理论、观点。对这个问题，我想推荐我写的书当中自己最喜欢的一本——《本体与常无》。书中我强调，一名学者、一个知识分子，每次在观察社会经济现象的时候，都不能带着任何现有理论或过去的经验去观察、研究你所观察的现象，这叫"常无"。每个学科都有其成为一个学科的最基本的出发点，这叫"本体"。我是经济学家，我的出发点就是当一个决策者。这个决策者可以是一个政治家、企业家，可以是家庭，也可以是个人。当其面临决策的时候，在可能的选择当中，这个决策者永远会选择自己当时认为是最好的选择，这是经济学的本体。

看到一个宏观现象，我就去思考：这个现象背后的决策者是谁；这个决策者要解决什么问题；解决这个问题，他有哪些选择；他的选择取决于他有多少资源，他有多少预算和不可逾越的限制条件，在这个预算和限制条件之下，他有哪几种可能的方案，哪种方案对他来说是最好的。这是经济学的本体。我想社会学有社会学的本体，政治学有政治学的本体，化学有化学观察问题的本体。我们以不带任何理论的方式去观察，通常每个时代都有每个时代的主要矛盾，这个主要矛盾会在很多方面反映出来。其实把一个点搞通了，你就能了解那个时代的主要矛盾，然后就能判断和处理各种社会经济现象和问题。

我可以讲一下我自己的经历。我是芝加哥大学毕业的，芝加哥大学现在也还是美国最好的经济学殿堂,1987年回国工作时,我认为自己学的是最先进的理论。开始的时候,我也是"去西天取经",不然去美国干吗呢?所以带着很多先进的理论回来。过去总觉得可以用学到的先进理论指点江山,因为从小就是这样被培养的。1988年中国出现大通胀,通货膨胀率高达18.5%,怎么来解决这个问题呢?当时经济学的教科书中,不管哪个学派,都说应该提高利率。提高利率有两个途径影响需求:一是提高贷款的利率,投资成本增加了,投资就会减少;二是提高储蓄利率,储蓄利率提高以后,大家储蓄的意愿就会增加,当前的消费就会减少。投资和消费减少,总需求就下降了,物价也就下来了。

但是当时中国政府没有采用提高利率的方式,中国政府采取的是治理整顿的方式。什么叫治理整顿?就是用行政手段砍投资、砍项目,这样总需求就下降了。从当时的理论来看,这是一个很笨的方法,砍项目会造成很多烂尾工程。按照主流理论来看,这样很笨。一个知识分子,批评中国政府很笨是不是很容易得到社会的掌声啊?但你要说中国政府很聪明,那就会有很多人用异样的眼光看你。可是如果中国政府确实像当时那么多国外国内的经济学家所说的那么笨,怎么能够在1978—1987年将近十年间,每年达到平均9%的经济增长率?这是高增长,在发展中国家很少有这么高的增长。如果能维持经济稳定和高增长十年,绝对不是瞎猫碰到死耗子。瞎猫碰到死耗子一次两次可以,连续十年维持经济高速增长和稳定，这个政府一定是理性的。一个理性的政府怎么会做从主流理论来看很笨的选择呢？到底是中国政府错了还是西方的理论错了？仔细想想，理论是有前提的，为什么调整利率影响投资和消费需求的理论，不能在中国实行？因为中国当时存在大量超大型资本密集的国有企业，这些企业运行最重要的成本就是资金的利率。当时我们资金的利率是人为压低的，如果把利率提高，这些企业付不起这样的资金成本，就有两种可能。一种可能是这些企业破产；但是，这些企业跟国防安全、国计民生相关，不能让它破产，那就要给它财政补贴，这是第二种可能。给财政补贴，政府的财政赤字就要增加，财政赤字增加的话，就要印钞票来补财政的缺口，货币增加了，通货膨胀就会继续提高。所以在这种状况下，为了保证关系国家命脉的大型国有企业继续生存，就得把那些不太紧要的、不关系到国防安全和国计民生的项目砍掉。当年我把这个问题想清楚了以后，就不再照搬现有的理论，我从1988年以后提出的所有的理论就是这么来的。

1994年，我出了一本书叫《中国的奇迹：发展战略与经济改革》。在这本书里，我提出，中国按照"老人老办法，新人新办法"的渐进双轨方式来进行改革开放，按购买力平价计算，到2015年中国会超过美国，变成世界第一大经济体。当时大家对中国一点信心都没有，但我认为中国能赶上。如果你们仔细看这本书，会发现它基本上是中国过去20年改革的蓝图，中国这一步一步的改革基本上跟这本书的理论所分析的过程一样。这本书源于1988年通胀治理问题的研究，这里的关键是，就像如果你把一个人某一个细胞的基因搞清楚，那么就把其全身的细胞都搞清楚了。所以这里我想说的是：你需要学会怎么去观察，知识分子不能变成现有理论的奴隶。比如说你想当一个好的画家，其实从怎样画出好的作品的基本原则来讲，大概一个小时绝对可以讲清楚，但是你要运用那些简单的基本原则成为一个画家，当内心有所感受，形成一个形象，然后用这些最基本的原则画一幅图，这确实是"应用之妙，存乎一心"。一幅名画，你可以把它分析还原成最基本的原则，但是为什么凭借遵循最基本的原则就能够画出几百年几千年来那么多不一样的名画作品？其基本道理是一样的，因为本体是一样的。

如果你去卢浮宫，就会看到有些画师临摹一幅名画多达数月，这不是模仿、希望以假乱真，而是在用心揣摩大师作画时的心境。真正的临摹，其实是揣摩为什么前人会以如此的构图来表达内心的感受，揣摩为何这样构图、色彩正好符合最基本的原则。其实你们读经济学理论也是这样，不是记知识点，而是要还原到当时那个经济学家怎么用这个角度来观察问题，他观察问题为什么会抽象成理论上的逻辑？你要去还原他当时怎么利用经济学的本体，人是在做选择的，他为什么这样去构建这样的理论？为什么他能抽象出理论中的决定因素和作用机制？这些才是你应该学习的内容。

每个学科有其观察问题的视角，在一个学科之内共通的是学科的本体，而根据这种共通的视角所提出来的理论都是"刻舟求剑"，不能作为"放诸四海而皆准""百世以俟圣人而不惑"的真理。作为老师，应该"授人以渔"而不是"授人以鱼"。作为学生，读书是为了让自己学会观察问题、了解现象背后道理的能力，而不是用现有的理论去套社会现象和问题。

林毅夫与学生交流

微语录

※ 对话是交流思想最好的方式。古今中外伟大的思想家，大多是用对话的方式跟学生交流。中国的《论

语》《孟子》是对话的形式，西方学者苏格拉底、柏拉图、亚里士多德的著作和印度的佛经也是以对话的形式阐述深刻的道理。

※ 在现代，对话也是一种很好的教学方式。其优点在于老师可以清楚学生是否理解和接受自己的观点，同时能实时了解学生们的疑问、反馈和最关心的问题，从而进一步阐述、修正、完善自己的观点和教学内容。

※ 中华民族今天已经比历史上任何时期都更接近实现伟大复兴的时刻了，但是还没有完全复兴，"行百里者半九十"，我们需要加倍努力。

※ 根据我在世界银行工作期间的观察，各个国家的知识分子都怀有一种朴素的爱国情感，都愿意贡献个人力量助力国家发展，都希望他们的国家实现现代化、他们的民族在国际上得到尊重。

※ 发展中国家赶上发达国家，有两个指标：一是看人均收入水平，二是看国防实力。人均收入水平提高的前提是劳动生产率水平的提高，而劳动生产率水平提高的前提在于技术创新、产业升级。人均收入水平要赶上发达国家，技术产业必须比肩欧美发达国家。国防实力要赶上发达国家，也是一样的道理。

※ 在发展中国家,很多学生希望学好理论,贡献于国家的现代化。但如果照搬西方的主流经济学理论,未必就真能贡献于国家的现代化,甚至反而有可能把国家搞垮。

※ 我很认可中国的一句话:"思路决定出路。"那么思路来自哪里?是来自书本,还是来自对问题的观察及对其隐含道理的思考?答案显然是后者。

※ 不管是宏观经济学,还是微观经济学,研究的都是经济问题。发展经济学、宏观经济学、金融经济学讲的都是一个决策者面临选择的时候,在给定的资源和限制条件下有哪些选择方案,在这些选择方案当中哪一个是决策者认为最好的。这些其实都是微观的,宏观现象背后也是微观的人在做抉择。

※ 作为当代青年学子,既要有"以天下为己任"的担当,也要有"当今之世,舍我其谁"的气概,更要有"虽千万人,吾往矣"的勇气。

※ 通常每个时代都有每个时代的主要矛盾,这个主要矛盾会影响社会的方方面面。研究者若能以不带任何现有理论和经验的视角去观察社会,不管从哪个侧面作为研究的切入点,把一个点搞通了,就能了解那个时代的主要矛盾,然后就能判断和处理各种社会经济现象和问题。

人生、社会与自己

钱乘旦

作者小传

钱乘旦,北京大学历史学系教授,北京大学博雅讲席教授,北京大学区域与国别研究院院长,中国历史研究院学术委员会委员。主要研究方向是世界现代化进程和英国史。主要著作有《走向现代国家之路》《第一个工业化社会》《在传统与变革之间——英国文化模式溯源》《工业革命与英国工人阶级》《寰球透视:现代化的迷途》《世界现代化进程》《欧洲文明:民族的冲突与融合》等;主编《英国通史》(6卷)、《英帝国史》(8卷)、《世界现代化历程》(10卷)等。

祝每一位同学人生快乐！

钱乘旦

浅谈宗教信仰，探索人生意义

钱乘旦：今天讲"人生、社会与自己"，题目是我定的，这确实是一个文科的题目。我看大家来自各个系，文、史、哲、考古，还有外国语言，其实基本上都是文科的学生，而且纯文科为多。大家提的问题我归纳了一下，大体上属于三大类。第一类是关于人生的目的。有一位同学问得非常简短，八个字——"人活着有没有目的"，但这个问题很大，类似这样的问题其实还挺多的：人为什么活着？为什么会有生命？人活着究竟有没有目标、有没有意义？第二类问题是关于个人与社会的关系的。每个个体和社会有没有关系、有什么样的关系？每个个体是不是应该为社会做出一些贡献？第三类问题是跟历史学有关的。历史学有没有目的？历史学有没有意义？历史和现实是什么样的关系？这类问题也占了很大的比例。

我们先来说人生有没有意义，人的生命的意义是什么，人生的目标是什么，我觉得这是一个很难回答的问题。人类问自己这个问题，应该问了上百万年了，人从动物界脱离出来就在考虑这个问题。人肯定是动物，可是人和动物有没有区别呢？有区别。关于人和动物的区别在哪里，有各种各样的回答，自然科学家、人文学家和哲学家的说法可能是有所区别的。其实在我看来，人和动物有一个根本性的区别,就是人意识到自己脱离了自然,而动物是没有这样的意识的。有些动物的智商很高,可是无论多聪明的动物,它们都没有意识到自己和自然是分开的。如果动物有自我意识的话,那这种自我意识是和自然联系在一起的,它会觉得自己是自然的一个组成部分。可是人会非常有意识地感觉到"我"和自然在某种程度上、某种意义上存在"我者"和"他者"之间的关系。人是有灵性的,这个灵性就是人意识到自己离开了自然。当然人属于自然,可是他觉得他不是自然,自然是在他之外的东西,他是他自己,这已经是一个很深奥的哲学命题了。当人意识到自己不再是自然的组成部分的时候,他就会问自己:我究竟是什么?我为什么在这儿?我以后会变成什么样?这样你们提的问题就出来了。人从动物慢慢向现代人发展的过程有几百万年的时间,这个问题也已经存在了几百万年的时间,所以这个问题太古老、太久远了,每一代人都在问。每个人从襁褓中慢慢地意识到自己存在的时候,就开始问自己:我为什么活着?我以后会怎么样?长大一点会问:我的生命的意义是什么?我生存的目标什么?

有很多很聪明的人,也就是我们说的哲人,试图回答这个问题,给我们留下了很多答案。孔子、释迦牟尼、苏格拉底、亚里士多德、犹太教的先知,他们都在回答人生的目的究竟是什么。我们可以看到这个世界上最主要的那些价值观、意识形态、宗教、学科都试图回答这个问题——

说到这儿，你们都是学文科的，你们知道这些人、这些学说、这些宗教吗？我们先说基督教、犹太教。基督教和犹太教是一脉相承的，尽管它们之间曾经存在很强的对抗情绪，但它们有一个共同的、最高的神是上帝。在犹太教和基督教的教义传统中，人生的目的是什么？是进入天堂，到上帝身边去，得到上帝的恩准，得到上帝的拯救，这是最高理想。因此人生的目的是在天国，不在人世。再看佛教，佛教的理想境界是什么？释迦牟尼在菩提树下苦思冥想49天，最后想出来了——脱离苦海。他说：世间万物皆苦，生也是苦，死也是苦，吃也是苦，睡也是苦，想也是苦，不想也是苦。怎么才能够脱离苦海？要靠自身的修炼，心中有佛之后，把尘世的一切都丢掉，进入一个完全无欲无求的境界，才是进入了最高的境界，这种状态叫作"涅槃"。到达没有苦的境界，即脱离苦海，这就是人们生命的意义。佛教提倡修行出家，因为家是一切牵挂之源，你天天在那里想着父母孩子、财富名誉、官职荣耀，太苦了；别想了，出家，这就是人生的目的。

我们看和佛教有关系的印度教，印度教怎么考虑人的生命呢？它的目标是梵我合一，可是还有一个更加重要的主张——生命的目标是为了下一次生命，此世的目标是为来世做准备。从早期的婆罗门教到后来的印度教，都认为生命是轮回的。佛教脱胎于印度教，佛教也有这样的思想，认为生命是永不止息的，此一生会过渡到彼一生。但是，在印度教中，这种旋转和轮回不是一个简单的循环，它是有变化的，会从生命的低级阶段变化成生命的高级阶段，也会从生命的高级形态变化成生命的低级形态。我们用最通俗的话来解释一下，生命可以是在地上爬的一条小虫子，是在地上跑的一只小兔子，也可能是一个更高的形态，是天上飞的老鹰或者在森林里称王称霸的老虎、狮子，当然更高的形态就是人。可是人也是有等级的，有最低等的贱民和最高等的婆罗门。印度教认为，这样的变化取决于你在此生此世的表现，就是你的"业"。你做好事，下一辈子就会从小虫子变成小兔子，再做好事就从小兔子变成老虎或老鹰，继续做好事就变成最顶层的人。你不断地做好事，不断地升级，你的地位越来越高，所以每个人都得做好事，否则的话，你就从人变成小虫子了。在这样的哲学逻辑中，人生命的意义就是为下辈子做准备，这个目标不在此世在来世。

还有两个非常重要的意识形态、价值取向。一个是和基督教有关系的伊斯兰教，但是它和基督教对人生的理解是有区别的。伊斯兰教最大的特点，就是宗教和社会、政治、经济、人的生活及行为举止等所有的一切是划一的，宗教就是一切。伊斯兰教有天国的概念，但它非常强调现世。每一个穆斯林在生活中需要遵循安拉的指引，这是伊斯兰教最强调的一个方面。另一个是我们最关心的孔子的学说，这是中华古典文明的核心价值观。有些人认为儒学是宗教，但我不这么认为，儒学只是一种价值体系、一种思想。它其实非常提倡入世，认为对于士大夫和君子来说，要有以天下为己任的胸怀，活着是为了天下，要利人不要利己。所以人做的一切都要对国家有用，即有利于国家，有利于社会，有利于民族，有利于人民，所谓的"大义"就是指这些。"修身、齐家、治国、平天下"就是儒家学说的生命价值观。

马克思主义也有它的价值观，马克思主义认为人生的目的是解放全人类。第一层是把人从资本主义的剥削制度下解放出来；第二层是哲学层面上的，把人从异化的状态中解放出来。异化就是指人性被扭曲了，在马克思看来，追求资本主义的利润就是人最大的异化。马克思主义回答过人的生命价值的问题。我顺便说一句，所有的资本主义价值观都没有明确地告诉你们人为什么活着，但在资本主义价值观中，财富是一切。

提升价值高度，共谋社会幸福

学生：亚当·斯密提出偏重经济方面的社会分工，认为在经济社会里，人活着是为了追求个人效用的最大化，并没有想追求社会福利的最大化；但实际上我们的效用在交换的过程中都得到了提高，所以社会的福祉是被增进了。

钱乘旦：好，问题就来了。亚当·斯密最后的结论是每个人争取自己的幸福时得到了整个社会的最大幸福，就是你们问的第二个问题——人和社会。亚当·斯密被视为资本主义的意识形态、经济理论、价值标准、行为准则等一切的奠基人，其实亚当·斯密考虑的仍然是整个社会如何达到最佳的状态或者最幸福的状态。他的最终指向是社会，只是他和孔子是不同的。亚当·斯密认为，当每个人都去追求个人利益和幸福的时候，最大的社会利益和幸福才会实现；而孔子直接告诉我们，人要有社会责任感。

学生：我觉得，西方的一些思想家更多的是从个人出发，但是最终都指向了社会。而中国的哲学家，比如像孔子、孟子，更多的是从社会的角度出发，个人在承担起社会责任的同时，其价值观也得到了升华。

钱乘旦：对，一定意义上可以这么说。但我觉得像亚当·斯密这样的思想家对道德情操和人性的关怀的看法被人们误解甚至是曲解了。人们会把亚当·斯密的学说说成完全是个人主义的东西，可是刚刚你已经说出来了，他最终的指向是整个社会的幸福。

学生：我们想为社会做贡献的时候，多少都会感受到个人力量的渺小。庞大的社会和自己渺小的力量之间的差距常常会给自己带来失落感，应该如何克服这种失落感呢？

钱乘旦：首先要认识到，个人永远是渺小的，社会的力量往往是不可抗拒的。但个人也可以是伟大的，一个人的活动会影响到更多的人，只是区别在于这个"更多"是多少。你的一言一行可能会对你的父母有影响，然后延伸到爷爷奶奶、外公外婆、同学等，这是一种影响。当然会有像毛泽东、丘吉尔、罗斯福这样的人，他们的影响就更大了。那么多的个人加在一起就变成了社会，每个人都对社会有影响，小人物也是伟大的。其实我年轻的时候，像你们这么大的时候，困惑比你们要多得多，我不知道我以后会怎样，那个时代很多人都是这样。可是想也没有用，该怎样就怎样，时代潮流、个人行为等各种各样的因素合在一起，最后塑造了每一个人，每个人都有自己的故事。

学生：您提到了人之所以跟动物不同是因为人意识到了自己已经脱离了自然。但是我有一点疑问：是不是正是这样的认知导致了很多社会问题？比如说现代化造成了许多问题，像美国这样的后现代化的国家倡导过人类要回归自然，这跟您说的"人意识到自己脱离了自然"这个观点是相悖的。是不是因为这种认知存在偏差所以导致了种种问题，这样下去我们今后有没有可能自取灭亡？

钱乘旦：人意识到了自己和自然不是融合在一起的，这样的过程是不可逆转的。现在的很多问题是由现代化造成的，现代化对当代世界其实已经产生了负面的影响，我们越来越意识到这一点了。我们窗外被污染了的空气，是明摆着的谁都回避不了的问题。如果把这个问题的层次提高一点，那就跟人追求什么有关系。我们如果一味追求物质，那空气就是这样了，而且以后会比这更坏，白天变成黑夜，黑夜更加黑夜。可是如果我们的追求不完全是这样，也许变化的速度就能减缓，甚至在某种程度上这种情况会有所好转。这又涉及我们追求什么，所以生命的意义实在是一个基本问题。今天来的基本上是文科的同学，而且是基础人文学科的同学，只有这个领域的人才会去思考这些问题。我不是对理科学生有偏见，理科的一些学生会认为人类面临的所有问题都可以用科学来解决，这是不对的，这是一种科学主义。科学和科学主义是两个不同的范畴，科学主义认为科学可以解决人类的一切问题，这种说法已经变成价值取向了，已经不是技术层面上的科学本身。科学只能解决技术层面上的问题，解决不了价值取向的问题，解决不了人的精神活动的问题。因此像这些现代化的悖论难题，不是说科学越发达就解决得越多，很可能相反，科学越发达问题越多。根本原因在于科学的目标是什么。如果说科学的目标只是为了增加物质财富，那么其他的一切都可以不管。可是如果像亚里士多德、释迦牟尼、孔子等人那样去考虑人类的终极命运，把人类的终极命运作为科学思考的底线，一些人可能就不会像现在这样行事了。

尊重生命选择，境随心转则悦

学生：因为人都是有共性的，所以人们追求的类似于生命的意义肯定也是有共性的。我们应该如何客观看待不同人的不同追求呢？

钱乘旦：其实我觉得人追求的东西，可以清清楚楚地分成两类：一类是完全物质的东西，吃、喝、住、用、穿；还有一类是非物质的，是精神的东西。我们在提到人的生命意义的时候，就应该问：人究竟追求什么？是追求物质还是追求精神，还是两者都追求，或者两者都不追求？所以我刚才说，不同宗教由于对生命意义的理解不同，在讨论人究竟应该追求物质还是追求精神的时候，给出的答案是不同的。佛教主张出世，因此就尽可能不要物质的东西，而拿一个钵到处去化缘。原始基督教也是这样，不追求财产，而是通过禁欲最终达到和上帝在一起的目的。不同的意识形态对生命意义的理解不同，进而会做出不同的选择。人世间这么大，不同的人针对这个问题会有不同的选择。有些人会认为精神的东西对于他来说更重要，因此金钱、地位是微不足道的，只要能够活下去就可以了；有些人会把金钱、名利、地位、官职看得极其重要，所以一心一意追求这些。有一个同学说，企业家大多数都是"土豪"，他们好像很光鲜很成功，而那些勤勤恳恳的好医生花了那么多时间和精力为人治病,可能生活情况却很糟,我们应该如何去理解这样的一种人生追求呢?我的回答是这样的:每个人都有自己的选择。如果我选择,我会把精神的东西看得更重要。我认为人之所以是人,是因为他有灵性,而灵性的支撑点是道德。可能其他人的选择不是这样,所以又回到我一开始介绍的那几个不同的基础性的意识形态和宗教上面去了,受到不同的宗教、价值观的影响,人就会有不同的选择。

学生:那些潜心做学问的大学者把自己奉献给这些精神方面的东西,他们自己可以选择过比较贫苦的生活,但我觉得社会不能让他们这样,他们至少应该衣食无忧。做学问的人,或者道德情操很高的医生或者教师,诸如此类的人,无论是在物质方面还是在社会地位方面,都应该得到更好的保障。

钱乘旦:我非常赞同这个意见,这是一个社会氛围的问题,社会氛围起一种导向作用,经常会对每一个人产生非常大的影响。社会的选择是整体性的选择,而我们每个人,既受到社会氛围的影响,也可以坚持自己的理念,这又是一个人自己的选择了。在中国历史上,有很多品性情操极高的人,他们选择和不好的社会氛围划清界限,不同流合污。所以每个人是可以选择的,碰上好时代是你的运气,碰上不好的时代就看你的底气了。

我们怎么去选择呢?我举一个例子,比如街上做烧饼的师傅，很多人经常无视他，也许碰巧肚子饿的时候在他那个小摊子买上两个烧饼就走了，再也想不起他了——烧饼师傅这样的人的生活有意义吗？这在于烧饼师傅怎么看自己。如果他觉得自己不像那些穿名牌的人富有，又不像大学教授社会地位很高，觉得自己很卑微、对自己很失望，就会活得非常痛苦。可是如果他把烧饼做得非常好，大家都喜欢，都来买他的烧饼，并称赞从来没有吃过这么好吃的烧饼，他可能就会觉得很幸福。我举这个例子，其实是想说，普通人如果认为自己做的事情给别人提供了快乐，他自己可能就会觉得快乐。而那些"大人物"，比如亚洲首富，我相信他们也有自己的痛苦，他可能整天想着去年还是亚洲第一，今年怎么变成第五了，因此明年还要更拼命。活着给自己带来快乐，也给别人带来快乐，这样的人生就是有意义的，这是第一层。第二层是得到社会承认，可是社会承认的范围又是有大有小的。我刚才说的烧饼师傅，如果他的烧饼做得好，就算报纸没登过、电视没有去宣传他，每个人却都说这家烧饼做得最好，那这也是一种社会承认。当然，如果电视宣传了，报纸也登了，那当然就是更大范围的社会承认。

回顾学问之路，彰显学者担当

学生：我想问您一个比较接地气的问题。我是学三代考古方向的，梦想成为一名学者，但我们人文学科会碰到这样一个问题：你学这个有什么用？我觉得这种问题非常庸俗，但是有时候我也会被这种问题所困扰。所以我想请教钱先生您的学术选择之路。

钱乘旦：这个问题太接地气了，我先给你们讲一个不是我自己的故事。前几年我在北大认识一个学元史的学生，当时他已经40多岁了。我问他：你这个年龄读博士，以前是做什么的啊？他说他以前是学计算机的，毕业后分在银行里面工作，收入非常高；但是做了几年觉得太无聊了，整天就做那些事，没有生命价值，他想来想去想做学问了。我说这个牺牲很大。他说是，牺牲太大了，一辞职工资全都没有了，就拿北大给的研究生补贴生活，家有老小，生活水平立刻就从天上掉到地下。我问他现在感觉怎么样。他说："这是我的选择，我愿意，做学问有意思。"他做的是元史研究，跟我做英国史研究是一样的，都属于非主流。别人做外国史研究都要做美国史研究，至少也得做日本史研究。元史不是主流研究，加上年龄大了，如果毕业之后没单位要他，会很痛苦。当然现在他已经找到工作单位了，不是在北上广，但是他非常开心，他说在那个地方可以安心做学问了。我觉得这个人很了不起。

学生：了解钱老师主要是从《大国崛起》开始的，当时看了感觉很震撼。您去做总顾问，肯定有您的学术理想在里面。我想问：您是更倾向于向大众去普及一些比较基本的世界现代化的知识，还是想借着这个片子尝试去促进大众对现代化历程的思考？

钱乘旦：大部分在场的同学应该都看过《大国崛起》，我当时做这个片子最低的目标就是希望能够让更多的人了解一些世界史的基本知识。因为当时中国人关于世界的了解确实太贫乏了，做片子的央视工作人员们和很多观众一样，关于世界历史的知识非常贫乏，正因为如此，我能够把自己的很多想法放到那个片子里面去。你问我是不是把一些关于现代化进程的思考放了进去——是的。你问我是不是希望能够为中国自身的现代化提供借鉴——说实话，我做历史研究，当然希望能够做到这一点，但能不能够做到，不是由自己的愿望决定的。片子播出以后，让我们所有参与制作的人大吃一惊，它在国人中引起的思考和震动太大了，完全出乎我们的预料。一个学者如何把对学问的钻研和向大众传播知识结合起来，我觉得挺难的，很容易走极端。要么学问做得非常深，而忽视了向大众表达自己的想法，让读者看不懂；要么学问不扎实，随便乱说，这其实是在误导公众，对公众不负责。我希望这两个极端都不出现。我认为，任何一个学问做得好的专家，历史学家也好，文学家也好，经济学家也好，法学家也好，如果能够用非常生动的、大众能够接受的方式来表达他的思想，他的社会影响力会更大。同时，我不希望把知识看作一种可以被包装的商品，任何人都可以拿去乱说乱卖，那是很糟糕的。

力求博物洽闻，提升人文素养

学生：我感觉我们好像把自己绕进了一个怪圈：我喜欢文科，但是从初中起就要学物理、化学；进大学之后，要把大量时间用在通选课上，花了好多时间在不感兴趣的东西上，浪费了很多精力。我很想在学术上有一些深入的研究，但是周围的环境让自己没法专心做喜欢的事。这种矛盾怎么解决？

钱乘旦：我觉得你这个问题其实包含了好几个层面。第一个层面是现在的教育确实存在一些问题，小孩子的自主性和兴趣在很大程度上被压制，所以创造性的发挥和兴趣的形成都在很大程度上受到妨碍，这是非常不好的现象。我们回过头去看孔夫子，孔夫子不是这样的，他因材施教培养学生，针对不同学生的不同特点、不同愿望进行教育。可是后来怎么会变成现在这样呢？当然是长时间的八股取士等造成的，可是你们不要把科举制度看作完全是负面的，科举制度在中国历史上还是起过很多正面作用的。目前这种状况和19世纪下半叶开始引进西方教育制度也有关系。西方教育制度把知识碎片化了、分割开了，物理就是物理，化学就是化学，物理下面还有理论物理、光学物理、粒子物理、核子物理。西方教育制度也不是完美无缺的，因此形成现在这样的一个情况。教育制度不完善，我们希望以后能够慢慢地把它完善起来，当然这不是一天两天就能够调整的。

第二个层面，我觉得我们学文科的同学，尤其是学基础文科的同学，不要把自己的眼光限制得很窄，要有非常广阔的知识面，这样才能成为伟大的文科学者。如果你只知道一点点，比如说学中国古代文学就只知道唐代的诗人，哪怕知道唐代所有的诗人也是不够的，我们需要非常广阔的知识面，这是对文科同学提出的要求，而且这不是高要求，是基本要求。在座有好几位学历史的同学，我想和同学们说：我们学历史的人，在我看来要有一个必须具备的素质，就是什么都懂。因此你需要去上这样那样的通选课，理科的、工科的、数学的、心理学的、经济学的……你都要去上。我觉得这些知识对于学文科的同学来说是真的需要的。学历史应该是杂家，越杂越成家。历史是什么？现在人们对历史学的概念和范围已经有了更深刻的认识，人类过去所有的活动都属于历史的范畴，因此从天上到地下，从经济到法律，从基本粒子到宏观宇宙，什么都应该知道一点，你要是不知道，就做不好历史研究。你没有那样的眼光，没见过那种世面，你可能说不出道道来，你说的可能不对，因为你不知道那些东西。

学生：您刚才说学历史要做杂家，如果我们的知识面太宽泛的话，会不会因为人的精力有限或者研究的领域过广而很难有深度，怎么样能在保持知识面宽度的前提下把每一点做精做好?

钱乘旦：其实不光是学历史的同学会有这样的问题，其他学科也会有这样的问题，问得非常好。我们在本科阶段要尽量扩大知识面，因为本科是一个以知识教育为主的阶段。到了研究生阶段就要向深度发展了，要集中在某几个点上往下钻，而不是扩大面。当然，硕士阶段还需要面，新的知识不断涌现，所以面还是要的。到了博士阶段，就应该对一两个问题深深地挖下去，那才叫"博士"。博士这个概念其实名不副实，博的意思是广，但是对博士的要求是深，应该叫"深士"。

我给学文科的同学提一个建议，理科的知识我们也要知道，不是说数学公式和做实验都要会，而是说应该具备那些最基本的知识，尤其是我们需要知道最新的知识。

我跟你们讲一个小故事，我从小就很爱看书，当时又没有什么书看，于是能找着什么就看什么，包括看了很多马列著作。我有时问上课的学生：马克思有这样一个观点，你们知道吗？大家都摇头，因为没看过那些书。还有政治思想史，各种各样的政治理论，历史研究，历史哲学，只要能拿到的我都看，看得很杂。那个时候没有什么刊物，有一种几页纸的薄薄的小册子，是全世界最新科技发展简介，我也拿来看，虽然云里雾里几乎看不懂，但是我硬着头皮看了，居然也稀里糊涂地大概知道它在说什么。当然那些公式是根本不懂的，但是我知道说了什么，理科的好多东西我是硬啃出来的。我建议,学文科的同学要了解科学,要学理科知识。还有大量的文科方面的书籍,我都是在那个时候看的。中国的东西我早就看过了,《红楼梦》十几岁的时候就看过了。外国的经典名著,巴尔扎克、狄更斯、福楼拜……这些我都看过。俄罗斯的托尔斯泰、屠格涅夫都是在上大学之前看的。广阔的知识面对钻研问题很有帮助,能让你从多个方面思考问题,得出与众不同的结论。

钱乘旦与学生合影

微语录

※ 人是有灵性的,这个灵性就是人意识到自己离开了自然。当然人属于自然,可是他觉得他不是自然,自然是在他之外的东西,他是他自己,这已经是一

个很深奥的哲学命题了。

※ 有些人认为儒学是宗教，但我不这么认为，儒学只是一种价值体系、一种思想。它其实非常提倡入世，认为对于士大夫和君子来说，要有以天下为己任的胸怀，活着是为了天下，要利人不要利己。所以人做的一切都要对国家有用，即有利于国家，有利于社会，有利于民族，有利于人民，所谓的"大义"就是指这些。

※ 马克思主义也有它的价值观，马克思主义认为人生的目的就是解放全人类。第一层是把人从资本主义的剥削制度下解放出来；第二层是哲学层面上的，把人从异化的状态中解放出来。

※ 亚当·斯密认为，当每个人都去追求个人利益和幸福的时候，最大的社会利益和幸福才会实现；而孔子直接告诉我们，人要有社会责任感。

※ 个人永远是渺小的，社会的力量往往是不可抗拒的。但个人也可以是伟大的，一个人的活动会影响到更多的人。

※ 不同宗教由于对生命意义的理解不同，在讨论人究竟应该追求物质还是追求精神的时候，给出的答案是不同的。

※ 我认为人之所以是人，是因为他有灵性，而灵性的

支撑点是道德。没有道德，怎么能说是人呢？

※ 社会的选择是整体性的选择，而我们每个人，既受到社会氛围的影响，也可以坚持自己的理念。

※ 任何一个学问做得好的专家，历史学家也好，文学家也好，经济学家也好，法学家也好，如果能够用非常生动的、大众能够接受的方式来表达他的思想，他的社会影响力会更大。同时，我不希望把知识看作一种可以被包装的商品，任何人都可以拿去乱说乱卖，那是很糟糕的。

※ 学文科的同学，尤其是学基础文科的同学，不要把自己的眼光限制得很窄，要有非常广阔的知识面，这样才能成为伟大的文科学者。

"我的北大情结"

王缉思

王缉思,北京大学国际关系学院教授,北京大学博雅讲席教授,北京大学国际战略研究院院长。1991—2005年任中国社会科学院美国研究所副所长、所长、研究员。2005—2013年任北京大学国际关系学院院长。2001—2009年兼任中共中央党校国际战略研究所所长。2008—2016年兼任中国外交部外交政策咨询委员会委员。先后在英国牛津大学和美国加利福尼亚大学伯克利分校、密歇根大学、克莱蒙特·麦肯纳学院、普林斯顿大学任访问学者或访问教授,现担任美国亚洲协会政策研究所、埃及开罗美国大学全球事务与公共政策学院、阿富汗战略研究所等单位顾问,在《美国利益》(The American Interest)、《环球亚洲》(Global Asia)等刊物担任国际编委。主要著作有《国际政治的理性思考》《世界政治的终极目标》等。

Do something enjoyable.

王缉思

与北大的不解之缘

学生：今天的主题是"我的北大情结"，您和北大的缘分是怎样的呢？

王缉思：我出生在广州，1954年我6岁的时候跟着父母一起到了北京。我的父亲王力教授当时从中山大学调到北大中文系任教。我们就住在朗润园，也是我现在住的地方。之后我上了北大附属幼儿园，就在现在勺园旁边网球场再往南一点的位置，以前那里有间四合院。1955年，我上了北大附小，在现在北大图书馆的位置。在我上四年级的时候，北大附小才搬到现在的地方。后来我又上了北大附中，上到高二，就赶上"文化大革命"了。1977年恢复高考，我考回了北大。1978年入学以后上了一年多，我考上国际政治系的硕士研究生，并且得到去英国牛津大学进修的机会。1983年回来以后拿了一个硕士学位，开始留在学校任教，一直到1991年。中间出去做过两次访问学者，一次是去加利福尼亚大学伯克利分校，一次是去密歇根大学。

学生：您是1991年后离开过北大吗？不知道这中间有什么故事呢？

王缉思：我中间确实离开过北大，我为什么想走呢？非常坦率地说，因为我希望学校能给我再安排个地方住。

当时居住条件不好，我们一家人住在筒子楼里，也不能安电话，学生或同事找我实在不方便。我多次向学校领导和系领导反映，但是没收到反馈。这时，中国社会科学院美国研究所希望我去任副所长，并承诺提供住房。我很恳切地给系领导写了一封信，表示如果能够解决住房问题，我是不想离开北大的，但仍然没有回音。后来社科院启动了调动程序，北大方面才来挽留我。我觉得不能把调动工作当成条件跟北大讨价还价，更不能违背对社科院的承诺，人家是真心聘请我去的，所以后来还是去了社科院美国所工作。

说到"北大情结"，还有这么一个小故事。在我刚离开北大时，有一次见到了当时的副校长罗豪才老师，他管外事，也管文科。我正想跟他握手，他却把手背在后头，笑着说："我不跟你握手，你爸爸在北大待了一辈子，你也好意思离开北大？"我说："罗校长，您说的话不完全准确，我爸爸没在北大待一辈子，他是 1954 年 54 岁那年来到北大的。我今年 43 岁，等我 54 岁的时候再回到北大怎么样？"我还真不是随口说说，到 54 岁的时候我真想着这事，可是没人找我，我也不好意思主动去说。但是在我快 57 岁的时候，北大国关学院的一个老师给我打电话说希望我回学校，我就答应了。罗校长十几年后也记得这件事，而且努力促成我回北大。这样我就回来了，到现在也有十几年了。

学生：听您刚才的讲述，我觉得您非常坦率真诚，这份"北大情结"里有情义，也有各种现实，才显得鲜活。您能再讲讲您看到的北大的"好"与"不好"吗？

王缉思：我先从"好"的说起，但其实二者很难剥离。在北大，承担教学和科研任务都比较尊重个人意愿，较少硬性规定。这就是在我看来北大最可贵的地方：有一点独立的思考，有一点人文的气质，有一点学者的矜持。

我在社科院待了十三年，这是我业务上发展最快的一段时间，主要原因是年龄和精力，也跟社科院更重视实证研究有关。我在中央党校也当过国际战略研究所兼职所长。这就可以有一个比较。回到北大以后，没有一个领导告诉我，国际政治应该是怎么样的学问，你应该怎么样做，你应该怎么样教书，关于中美关系你应该怎么样表述。在北大，从来没有人跟我说国际关系学院应该几年内达到什么水平之类的。我觉得北大的领导心里很清楚，教员在这些方面才是内行。北大之所以是北大，是有一种人文之气或者说有一种对学问和业务的尊重。

现在很多人喜欢怀旧，说老北大怎么好，现在不太行了。我想说这要看跟什么时候的北大相比了。跟蔡元培当校长的时候比，跟胡适当校长的时候比，可能会得出一种结论；跟20世纪60年代初和"文化大革命"十年的北大比，完全是另一种结论。所以，不能简单地说现在的北大不如过去。北大历史上经历过多次调整甚至动荡，每个发展阶段都不一样。我心里想的是,在我的工作岗位上,在我做学问的时候,如何做得比过去更好一点。

还有一个现象大概也是无可避免的,就是我父亲那一代人确实做学问更专心,现在的教授要想像那个时候的教授一样专注于学问,基本上做不到,这是现实环境使然,不单是学校内部的问题。我记得看到过一段对我父亲的回忆,说他在改革开放初期跟一些北大学生说:"你们这一代人不可能赶上我们做学问的态度,因为你们现在分心的事太多。"

虽然北大也有它的问题,但是,现在不论让我去哪儿,我也不会去了,我认为做学问还是要在北大。也正因为跟北大的这些特殊的缘分,我总是从心底里希望它变得更好。这就是最深的北大情结。

独特的学习经历

学生:您赶上了"文化大革命"以及恢复高考的年代,能不能讲讲您在那个时候的学习经历?

王缉思:我上初中的时候,语文老师对我挺好的,因为他觉得我作文写得挺好。我还记得那时候作文写过这样一个题目,叫"给解放军叔叔的一封信"。那时候是全国人民学习解放军。具体写的什么我忘了,但是我记得老师把我写的作文当作范文贴在走廊上。那时候我的作文经常得

100分，还会被当作范文在课堂上念，所以我很得意。后来我上了高中，遇到一个水平挺高的女老师教语文。她比较喜欢风花雪月之类有点小资情结的作文。我写得就很不对路子，我自认为"英雄无用武之地"。她喜欢的都是春雨秋风之类的，我不想写，也写不出来。然后她就找我谈话。她说："我知道你爸爸是著名的文学家、语言学家，你怎么把作文写成这个样子？"我心想：怎么了？我把作文写成什么样子了？那时候我就想，我从此再也不学文科了，才不受这份气。因为我要是学了文科，一辈子跟我爸爸都要沾上点边，大家都会说"你比你爸爸差远了"之类的话。其实我爸爸也是希望我们将来成为科学家的，他曾经跟我们讲："我主张科学救国。并不是我自己想学语言学，没办法，我中学都没上过，又想做点学问，只能研究这个。"所以，我的哥哥姐姐都是学理工科的。最后我怎么还是学了文科？那是因为我在"文化大革命"之前只上到了高二，高三的课程什么都没学过，什么微积分、物理、化学全没补上。1977年恢复高考就要考这些，我差这一年没学，而且只剩一两个月的复习时间，我想还是考文科把握大一点，所以没报理科。

我哥哥是北大数学系毕业的，他那时候对无线电感兴趣，在我插队的时候他建议我学点什么。但我插队的地方在内蒙古草原，连电都没有，无线电我没法学，于是就学英语。放羊的时候，看着羊在近处，我就低头学学英语，看的教材是翻印的美国书《英语九百句》。后来，英语对我来说很重要，现在就更重要了，那时算是打了点基础。我也会看看报纸，比如看国际新闻，这对我后来也有用。

但我上大学的时候确实是没什么基础，坐在教室里听老师讲课，脑子里还老想着羊怎么样了，还以为自己在草场上放羊呢！精神总是不容易集中。有一些课我听着没劲，要么走神，要么逃课，就是你们现在说的翘课，这对我来说是家常便饭。除了英语课，其他的课我基本上都翘过。

可是我的学习成绩还挺好，而且是全班最好的。比如说"国际法"这门课，有一本书叫《国际法》，周鲠生写的，挺经典的。老师上课讲的内容都是从书上摘出来的，也没加什么自己的东西，课程每周讲两个小时，我觉得有这时间我自己看书能背好长一段了。我那时已经30岁了，当然有点独立的思考，想通了这一点我就不去上课了。考试之前我会借全班笔记记得最好的那个同学的笔记来看。到最后一堂课，老师总得讲讲考试，也大概说说重点，我会去听听。当时我考的分数不是特别高的课，比如"中共党史"，反而是我太认真了，看的东西太多了，老师讲的我看，老师没讲的我也看，反而容易乱了。

比较有意思的是，有一门哲学课，我听了觉得实在没意思，后来就不去了。等到快期末考试了，我就想还是得去听一听，结果老师也没讲考试的事。课间休息的时候，我在教室外头跟别的同学聊天，老师走过来，见我眼生，还问了我一句:"你病好了?"我吓了一跳,老师应该是看我眼生以为我生病了才长时间没来上课。我是学习委员,快到放假的时候,同学们让我去找这位老师问成绩。我去他家找他,跟他说明缘由。他没认出我来,就说都及格了,考试成绩最好的是王缉思。我当时什么话都没敢说,就怕他想起来我没上过课,赶紧溜了。

总的来说,一是我当时确实水平低,但是成绩还行,应该说那个年代过来的大家水平都低;二是考试是有诀窍的,不是说你认真学、花的工夫多就一定能考好。当然我可不是鼓励大家都翘课啊!

学生:有机会我一定要选您开的课或者去旁听。

王缉思:其实我现在特别怕讲课,思想负担很重。我怕上课的时候有同学说:这个老师讲得不怎么样,还院长呢,咱们翘课吧。我真的特别害怕,心里老打鼓,怕讲坏了。

学生:您当时是处在特殊的动荡年代,我们在今天不可能有您这样丰富的经历。但是如果现在回过头去看,您这几十年的经历有没有对您来说有局限性的地方呢?

王缉思:当然有了。比如说我没有拿博士学位,但我也没什么后悔的。我读硕士的时候已经30岁了,如果再读博士,至少40岁了。我想一辈子能干多少事,不一定非得拿那个博士学位,但我并不认为拿博士学位是没有用的。其实局限性多的是,一个人总是有知识上的缺陷,或者是其他方面的缺陷。你要知道你的缺陷，知道扬长避短才行。我知道我哪儿不行，我就不干这个事了，比如当官、经商。但我至少敢说出来在这些方面我不行，敢于直视自己的短处。

干一行，爱一行

学生：您讲的经历中，很多都是意想不到的，或者是别人安排的。您是否觉得每一次转变都要自己去主动抓住机遇呢？

王缉思：对我而言，如果说有主动抓住的机遇，那就是从社科院调回北大的时候，北大的老师找我说你该回北大了，我就回来了。如果说我有什么优点，就是我"干一行，爱一行"。我插队在草原放羊时就一直琢磨怎么把羊管好；种菜就买一本《蔬菜栽培学》学习怎么种菜，背里头的谚语，什么"小满前后种瓜点豆"，向老农民学习。人这一辈子谁知道会遇到什么事儿，比如后来我就真的当了菜园的头儿。现在我也在我家郊区的小院里种菜，非常享受。我没觉得有什么东西是强加给我的，各种事情我都挺喜欢。

当时到工厂工作，给我安排的其实是别人看来最不好的工种——电焊工。电焊工又费眼睛，又费衣服，但是我偏偏就很喜欢。我觉得这是一种本事，得好好练。那时有个功利性的目标，就是我不满足于在河南三门峡水电厂当一辈子电焊工,想调回北京,那就得把电焊这个本事学好。所以我电焊工作做得非常认真。上研究生的时候让我学国际政治,我就觉得国际政治挺好。我当时的导师是薛谋洪老师,他了解了我的情况以后说我基础太差了。我就说:"老师,我基础是很差,请您好好指导,我会很认真的。"为了拉近和他的关系,我让我爸爸请他吃顿饭。饭桌上他也一直说我基础太差了。老师说:"你基础这么差,你想研究什么方向呢?我看,美国你别研究了;你又不懂俄语,你也别研究苏联了;美苏关系你也别研究了;你研究研究第三世界吧。"我说:"那行啊,薛老师,第三世界挺好的。"过两天他又问我:"第三世界研究哪儿你想好了吗?"我就说哪儿都行。他说:"第三世界里拉丁美洲、非洲太远了,就在中东、南亚、东南亚三个地方里头挑吧。"我说:"那这样吧,薛老师,东南亚最近,挑东南亚吧。"然后薛老师说那就选东南亚吧。后来我怎么变成研究美国了呢?又是阴差阳错。

我到了英国以后,英国的导师也知道我基础很差,因为说不出几句英语来,他就跟我说:"你在这一年的时间里是不是学一学英语呀?"我就说:"我是英语差,但是这一年的时间我不想光学英语,我还想学点别的。"我把我写的读书笔记拿出来给老师看,老师说:"你既然写过读书笔记,就再写一个吧。我给你出个题目,汉斯·摩根索写了一本书,叫《国家间政治》,这本书很经典,你回去写一篇读书报告给我，一个星期后交。"我跟老师说在北大没有这本书，我没读过，而且这么经典的一本书，能不能给我两个星期读。老师同意了。后面两个星期里，别的事儿我都暂时不做了，就专心看这本书。这本书一共五六百页，我的读书报告写了有十来页。那时候也没有打字机，就用手写。先写一个底稿，然后修改，改完以后再用手抄一遍。老师看了，把它拿回家，过了一两天给我打电话，对我说："你这报告写得不错呀，我拿回去给我夫人看，我夫人是教英语的，她说怎么一个中国人没到过英国，能把英语写得这么漂亮，没有什么毛病。"

我觉得能学好主要就是靠用功吧。既然我学国际政治，就要好好学，导师薛老师让我研究东南亚，我就觉得研究东南亚挺好。到英国以后，英国的导师说："我们牛津大学没有研究东南亚国际关系的，你学点别的吧。"于是给我出了一个题目：20世纪40年代后期的中美关系。我就写了一篇论文，他觉得写得很不错。回到北大以后，我把这篇论文翻译成中文作为硕士毕业论文了。北大当时研究发达国家方向的是帝国主义问题教研室，另一个教研室是民族解放运动教研室。原来我研究东南亚应该是到民族解放运动教研室工作，但是从英国回来，帝国主义问题教研室（就是我现在所在的国际关系教研室）把我留下了。东南亚没研究成，变成研究美国了。

大多数事情对我来说都不是一开始就设计好的，但是我的经验是"干一行，爱一行"。让我研究国际关系我就好好研究，英国导师给我出了一个题目我就好好去做，而且还能从中得到乐趣。我觉得任何事情都有好的方面，享受这件事就好。

学生：这么多年出国读书以及行政工作的经历都算上，您最得意的一件事是什么？

王缉思：我这一辈子最得意的事应该是近几年的事，我跟其他一些老师一起把原来的国际战略研究中心变成了国际战略研究院，成为学校直属的一个实体智库，还是在国际关系学院的框架里。其他的事，比如考上大学，基本上都是阴差阳错，谈不上成就感。只有这件事我觉得努力好好干了，学校领导也认可了，让我最有成就感。但是也有很大的负担，学校给了北阁这样好的办公场所，要是什么都干不出来，就相当于把这地方给糟蹋了，既然干就得干好。

做学问的方法和态度

学生：作为博士生，我感觉压力好大。您能不能给一些毕业论文写作方面的建议？

王缉思：最重要的是要找一个好题目，想好这个题目值不值得写。这得下大功夫。而且题目一定要找到一个带问号的问题，然后写一篇文章回答这个问题。要有些分析，最后得出一个框架来，不能只陈述历史事实。

写论文是一项无比巨大的工程，不只是写博士论文、硕士论文，一辈子都要很认真地去对待要写的每篇文章。比如我想写一篇关于"中国与国际秩序"的文章。这个主题听起来很大，那我怎么写呢？自己先设问，先把"中国""国际秩序"说清楚，我的文章里讲的是现代中国，然后再讲"国际秩序"，亨利·基辛格把它叫作世界秩序，那么我为什么把它叫作国际秩序呢？我也要解题。然后再说中国跟国际秩序有什么样的关系。像"'一带一路'的伟大意义""中美新型大国关系"等，都不是学术论文的题目。写学术论文一定要避免过分政治性的表述。还有概念要清楚，像我刚才说的中国与国际秩序，得从中国的定义和国际秩序的定义说起，一般人不会从这个地方说，但这非常重要。

学生：您在写论文的时候有没有去模仿别人的写作风格？本科生怎样才能提高写作水平呢？

王缉思：我也经常在想怎样才能把文章写好。关于写论文，我刚才已经说了一些基本的东西，比如开题、选题。从语言风格上来说，我在某些地方受到我尊敬的国际政治学家写作风格的影响。比如，我很喜欢约瑟夫·奈和亨廷顿。亨廷顿的作品语言非常精练，并不难懂。有些中国人甚至有些美国人写英文论文总是很拗口，写很长的句子，读的时候一次读不通，得回去找逻辑关系。这种文章我看不下去，也绝对不会模仿。也不是说我没犯过这种错误，我一开始写英文的东西也写得很长，觉得一句话三四行，用几个从句，显得水平很高。其实干净利索地把事情说清楚就行。现在又有人开始模仿写文言文，半文不白，语义不通。我父亲就非常反对这种风格，说现代人为什么要用古文写作，况且还写不出通顺的古文。我觉得把文章和概念写清楚就好，老师不满意的文章往往就是那些要想半天学生到底要表达什么的文章。

我们受到了很多所谓的专业训练，喜欢讲理论。我研究了那么多年国际政治，最后我发现现行的学术理论解决不了问题，实际上把基本逻辑梳理清楚就行，不要故作高深套理论。如果有人跟我读博士，首先我会告诉他，不要写理论。不是我瞧不起理论，而是说在博士生这个阶段，理论性很强的东西是写不好的。我翻译的第一篇关于国际关系理论的文章，是一部百科全书中的词条。要问国际关系理论是什么，首先要说清是哪方面的国际关系理论，就像没有办法问什么是物理学理论、化学理论、生物学理论，而要问到学科分支一样，不能总是空洞地讲这些理论。

学生：我们可以看到国际关系学科本身其实带有一点消极色彩。一方面可能在于研究的内容，包括战争、冲突、陷阱等；另一方面可能在于，比如研究中美之间的认知差异，虽然觉得确实存在差异，但无力改变。在面对研究的无力感和挫败感时，能不能保持一点积极的东西？

王缉思：这个问题很好。我在做学问和讲课的时候给自己的定位是个学者，所以我想弄清楚是什么，然后再说为什么。比如你刚才说的中美认知，我会弄清楚这里的认知差异是什么，为什么会有差异。作为学者，问题到这儿就结束了。至于如何克服认知差异的问题，似乎不是学者能够回答的，那可能是外交部或中宣部要关心的事。

重要的在于做学问的态度。研究一个问题，要知道事实，知道根源，知道如果按事实和根源，可能会往哪个方向发展。我最近看了美剧《国土安全》，里面的美国人没一个是没有道德缺陷的，我觉得故事其实是得这么讲。在生活中，没有一个人是没有道德缺陷的，没有一个人是没有私心的。把私心说出来，到最后大家反而会觉得这些人挺可爱的。我觉得为人还是得真诚，真诚就在于敢于说自己的问题。我记得作家王蒙说过类似的一句话：如果一个人一点儿都不会自嘲的话，千万不要跟他接近。我很赞同。如果一个人天天当面说你好话，你要小心——他不一定背后怎么说你；如果一个人老说你有什么问题，你听着不高兴，但人家或许是真心对你的。

以学术为业，以创新为乐

学生：2012 年您提出了"西进战略"，它跟现在官方说的"一带一路"有关联吗？

王缉思：我最早提出"西进"的想法，是2012年初在向一位国家领导人汇报中美关系的时候谈到的。我觉得之前的战略思维有点局限。1984年，我第一次去美国，到伯克利东亚研究所研究东亚问题。回国以后就开了"美国对东亚的政策"这门课。我认为，美国对华政策是美国对东亚政策的一部分，美国对东亚政策是美国对全球外交的一部分。我觉得这挺符合逻辑的，但按照这种思维方式，局限性在于其实中国不仅仅是东亚的一部分。中国应当是亚洲大陆、欧亚大陆的一部分，"西进"的想法就是这么提出来的。想想张骞出使西域，再想想现在西部的能源通道。历史上，中国主要是通过陆路跟外头打交道。近代，西方国家都从东边的海上来跟中国打交道，视野就集中在了那里。为什么不把视野再扩展到西面呢？

在去过巴基斯坦、哈萨克斯坦和包括伊朗在内的中东地区之后，我大开眼界，通过跟当地的中国外交官交流，也有了很大的收获；同时觉得如果中国只把自己当成东亚国家，在南海、东海、钓鱼岛这些问题上，会没完没了地跟美国"扯皮"。

至于"一带一路"，跟我没关系。我写的东西包括后来写的中国应该把自己看成一个"中间国家"的文章，都没写过与"一带一路"直接相关的内容。原因是这个事我没想好，而且大家都在说"一带一路"，我何必再去说，我希望做一些有开创性的事情。之前有同学问研究国际关系的心态和乐趣何在,其实就是不要把做研究作为一个功利性的目标。我觉得做学问有时好像玩牌一样,也是要从中得到乐趣。我劝大家要把学习当成好玩的事儿,把工作当成好玩的事儿,用这一辈子尽量去享受那些好玩的,避免那些不太好玩的,或者把不太好玩的想办法变得好玩。

王缉思与学生合影

微语录

※ 我认为,独立的思考、人文的气质、学者的矜持是北大最可贵的地方。

※ 北大之所以是北大,是有一种人文之气或者说有一种对学问和业务的尊重。

※ 考试是有诀窍的,不是说你认真学、花的工夫多就

一定能考得好。但如果你不认真学，一定考不好。关键是抓基础和重点。

※ 一个人总是有知识上的缺陷，或者是其他方面的缺陷。你要知道你的缺陷，知道扬长避短才行。

※ 我一直觉得要"干一行，爱一行"。我插队在草原放羊时就一直琢磨怎么把羊管好；种菜时就买一本《蔬菜栽培学》学习怎么种菜；在三门峡当电焊工时就想着怎么精进技术。

※ 大多数事情对我来说都不是一开始就设计好的，但是我的经验是"干一行，爱一行"，而且还能从中得到乐趣。我觉得任何事情都有好的方面，享受这件事就好。

※ 我觉得，为一件事情不懈努力并且得到了认可，是非常值得高兴的事情。但有时也会有负担，怕辜负这份认可，所以就会更加努力。

※ 写论文一定要有一个好题目，要提出一个中心问题，做出解答，避免泛泛而谈。

※ 有的文章看着高深艰奥，貌似水平很高，可是让人读不下去，这样的文章千万别去模仿。也不要故作高深去套用现成的理论，理论的应用应该是水到渠成的事情。

※ 学者在做研究时要弄清是什么、为什么，就是说要

弄清现实及其因果关系。

※ 为人还是得真诚，真诚就在于敢于说自己的问题。

※ 我希望做一些有开创性的事情，不想人云亦云。

※ 干什么就好好干，不要先想着讲价钱、讲条件。任何工作都有它好玩的地方，你要去享受它的乐趣。

超越绩点

文东茅

> 作者小传

文东茅，北京大学教育学院教授，中国教育发展战略学会副会长，国家教育考试指导委员会专家组成员。主要研究领域为教育原理、教育制度与政策，对高校招生与就业、教育民营化、民办教育、教育均衡发展、幸福教育等领域有专门研究。曾主持"高考改革试点方案跟踪与评估研究"等多项重大课题，参与《国家中长期教育改革和发展规划纲要（2010—2020年）》《国务院关于深化考试招生制度改革的实施意见》等多项国家重大教育政策的研制工作。出版有《走向公共教育：教育民营化的超越》《学术的力量：教育研究与政策制定》等多部学术著作。

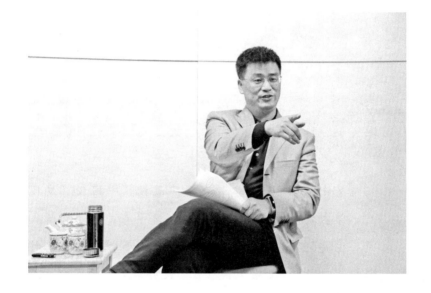

寻找自我
实现自我

文东茅

关于"超越"

文东茅：谢谢同学们来参加这期茶座，这种让老师和同学们在非学术领域里进行交流互动的活动对促进学生成长非常重要。我今天与大家交流的主题是"超越绩点"。林建华教授发表过一篇名为《别为了分数去学习》的文章，我觉得很切合本次活动主题，记得其中有这样一句话：作为一个学生，如果只为分数而学习，最多能够得到好的分数；但如果为知识、为未来而学，那你会得到更多的知识和感悟，并会得到更好的分数。

"超越绩点"。我挺喜欢用"超越"这个词，这要从我自身的经历谈起。我是从农村初中毕业考上中师的。当时感觉自己体质不太好，比较瘦弱，我考师范的时候，其他指标都合格，唯独体重不达标。按当时考中师的要求，身高要超过1.55米，体重大于90斤。而我当时身高刚好达标，体重却只有87斤。就是因为瘦弱，入学后我就向体育组老师申请，作为编外队员跟着田径队练习跳高。此后我就一直在田径队训练，而且最终获得了湖南省中专运动会跳高冠军。"跳高"很容易让人联想到"超越"。跳高的过程使我产生了我很多人生体悟，顺利飞跃横杆的那一瞬间会给人一种无比美妙的感觉。在多少次跳高的成功与失败中，我认识到：第一，所有的超越都需要以实力为基础，没有实力就无法超越。你可以满怀豪情壮志地说要超越世界纪录，但如果没有实力，就只能从横杆下面钻过去。选手选择试跳的高度都是实力的体现，这意味着某一高度自己完全有可能跳过去。第二，每个高度都有三次试跳机会，不必过于担心第一次试跳失败，但也要珍惜每一次试跳机会。第三，跳高这项运动非常特别，因为在通常情况下，包括冠军在内的每个人都是以失败而告终的，但其实这只说明冲击自己最高的高度没有成功，并不意味着真的失败。每跳过一个新的高度，哪怕没有取得名次，也是一种成功。在2008年北大教职工运动会上，我记得自己跳过了1.55米，这个成绩在我年轻的时候几乎是不用助跑、原地就能跳过去的，但我还是特别自豪、特别高兴，因为那年我已经40岁了，还能跳这么高，比多数学生跳得都高。我就想到，跳高不仅是比谁跳得"高"，也可以比谁降"低"的速度慢。超越不是一个绝对的、与他人相比的高度，而是一个相对的、与自己相比的过程。

我们今天谈"超越绩点"的主题，这个"超越"与跳高有很多类似的地方，例如，需要以实力为基础，需要勇于挑战，需要珍惜机会，需要超越自己，等等。

关于"绩点"

文东茅：我们讨论的第二个核心概念是"绩点"。你们知道北大的绩点是怎么计算的吗？

学生：有一个公式：$4-[3×(100-x)^2/1600]$。

文东茅：很好，完全正确。大家都听懂了吗？没有听懂的话，我再来解释一下。

据说这个公式是数学系通过模拟计算出来的。比如你有一门课考了80分，先算括号里面的 $100-80=20$，$20^2=400$，$400×3=1200$，$1200/1600=0.75$，最后，$4-0.75=3.25$。也就是说，如果你考了 80 分，那么你这门课的绩点就是 3.25。按这个公式计算，如果考了 60 分，绩点刚好是 1。60 分绩点是 1，80 分绩点是 3.25，90 分绩点是 3.81，100 分绩点是 4。以前北大的绩点不是这样计算的，90 分以上绩点全是 4，87 分以上是 3.7。而 84 分和 85 分转换为绩点后也相差 0.3。由于某些比较相近的分数绩点差别很大，当时很多同学就有意见。但按现在的算法，差别就很小。总绩点的计算办法是，把单科的绩点乘以这一科的学分，学分就是权重，加权求和，得出所有学科的平均绩点。

学生：在现有制度下，怎样获取更高的平均绩点呢？

文东茅：管理学上有个"木桶原理"：一个木桶的容量是由最短的那块木板决定的，而平均绩点的高低很大程度上受木桶原理的影响。如果你有一门课成绩很低，平均绩点就会受到很大的影响。比如一位同学总共修了 10 门课，每一门的成绩都是 85 分，85 分的绩点是 3.58，那么 10 门课程的平均绩点就是 3.58；如果另外一位同学 8 门课的成绩都是 100 分（绩点为 4），有 2 门是 60 分（绩点为 1），那么他的平均绩点就是 3.4。再举一个例子，某位同学 9 门课的成绩是 100 分，1 门课的成绩是 68 分，他的平均绩点就是 3.808；另一位同学 10 门都是 90 分，那么他的平均绩点是 3.81，比前者还要高。可见，有一两门课拖后腿，平均绩点就会低很多。假如某位同学不喜欢政治课，不喜欢高数，于是就对付了事，"60 分万岁"，那么就糟糕了。所以我的建议是，对不喜欢的科目不能太任性。现在保研、出国都要看绩点，"超越绩点"的前提是要达到一定的平均绩点。"超越绩点"不是不要绩点，而是要达到一定的绩点之后的超越。

学生：怎样才能更好地达到一定的绩点呢？

文东茅：作为学生，第一要务还是学习，要达到相应的绩点，应该知道绩点的计算方式。此外，还应该认清绩点的本质是什么，它本质上就是一种记分方式，是为了综合反映学生各科学习状况以及多门课程的综合状况。

对于绩点，我有三点认识。首先，绩点的核心就是一种基本评价，是达到某个学科专业的毕业水平，或者获取毕业证书的一种基本要求。它要求每个人每个科目都达到及格以上的水平。如果学生大面积不及格的话，有可能是学生的原因，也有可能是学校的原因。学校人为规定一个不及格比例，是不合理的。对学生的学科知识的评价应该是基于某种标准的绝对评价，只要达到这个要求的标准就应该是及格。从理论上说每个同学都应该可以及格,甚至每个人也都可以获得100分,而不应该人为要求分数分布为正态曲线,或规定优秀率不能超过40%、不及格率不低于10%之类,这些要求都不太合理。

其次,"平均绩点"是一个综合的评价。综合评价就是把各学科成绩合在一起的总评价,这个总分似乎很好理解,但它的逻辑却不清晰。比如我高数考了100分,语文考了60分,平均分就是80分。这个80分是什么呢?不知道!打个比方,我体重100斤,身高1.8米,或者我有100美元,还有1000日元,那么加总平均得到什么呢?其实是不能简单加总的,但我们都习以为常地进行加总。这种加总最后的结果就是,所有学生都可以用这个加总的成绩排出一个长队,比如保研时,就要用平均绩点来计算出每个同学的排名情况。它就会导致9门课都是100分的人,还不如10门课成绩都比较平庸的人,这就会导致追求平庸的倾向,这很危险。现在以平均绩点评价学生,就是一种便于管理的过于简单化的评价方式。

最后,各科分数是老师给的。评价的依据是对某个科目的要求以及这门课程的试卷难度。这种评分可能是很客观的,比如高数,你能做出来就是能做出来,做不出来就是做不出来,但答案并不能反映学生对知识的探究过程和认知的动态变化,也不能把人的情感反映出来。评分也有可能是主观的,比如一篇作文,老师评分的主观性就非常强,有时候老师可能情绪好就普遍给分较高,有时候一不高兴就可能给分非常低。评分其实对于老师来说挺难的,我就特别犯愁为大家评分。我真的分不清 84 分和 85 分有什么区别,尤其像我们教育学科研究生的课程作业大多数都是写论文,我不知道 89 分、90 分、91 分有什么区别,但现在大家却特别在乎这个分数,所以我们压力也特别大。

总之,绩点就是他人对自己学习状况的一种评价,其基本作用有三:第一,评奖学金;第二,排名,作为保研、出国的依据;第三,毕业获取学位。如果没有绩点,我们能不能实现这些功能?除了绩点之外,还有什么是同样重要甚至更重要的?理论上讲,如果有一个比绩点更有价值的东西,我们就很可能放弃绩点这一指标。比如说比尔·盖茨觉得他有很多重要的事情要做,所以他竟连哈佛大学的学位都不要了。我们在座的各位如果真的觉得有特别重要的东西,而且认准了很有可能会实现,也完全有可能会退学。以前就有个学生离开北大去读技工学校,而且在全国技工大赛中获了奖。能否超越绩点,取决于各自的价值判断和评估,有的学生就真的不在乎那几千元的奖学金。如果觉得其他东西特别重要,那就不要太看重分数了,平均 80 分就行,甚至及格就行。

成绩肯定是很重要的,不能达到一定的平均绩点也就谈不上超越,各科成绩经常不及格的人没有资格谈超越绩点,但不谈超越我们就会变得很平庸,甚至会为了得到一个外在的评价而失去自己的兴趣、爱好、特长,直至失去整个自我。

比绩点更重要的事

文东茅:除了分数以外,大家觉得大学里哪些东西是非常重要的?

学生们(陆续回答):情商、价值观、人际关系、技能、沟通能力、社会活动、思维方式、健康的身体、人格、信仰、独立思考、自律……

文东茅:大家说的都没错,这些都很重要。当多年以后回首往事时,我们如何能够自豪地说自己的大学生活没有虚度?当两三年后我们去写一份求职简历或申请保研时,你如何让自己打动别人?大家是否想过这个问题?如果没有,我建议马上去想一下,然后立刻去构建一份你自己未来的简历。这份简历上将会写些什么?如果仅仅说修了二三十门课,每门课85分之类的,那么,所有同学都学了这些课,分数也都差不多,你凭什么凸显自己呢?这是很容易想明白的。

到目前为止,我已经给大家提出了两个建议:第一,即使自己不喜欢某一门课,也不能太任性,因为一门低分的课会大大拉低平均绩点。第二,先尝试为自己做一份简历,写完简历之后认真思考自己还需要做什么努力。比如你想出国，那你凭什么去打动那些招生官？如果想保研，如何让专业老师接收你？这就叫"以终为始"：假设今天就在终点，换个视角来思考大学该怎么度过。

大学本科是为终身发展奠定基础的阶段，如果从人一生的发展角度看，我认为以下四点对于大学学习生活而言是特别重要的：

第一，找到发展方向。如果大四毕业时还不清楚是否喜欢自己的专业，也不知道读研该报哪个学院，那就多少有些失败。高中阶段不知道如何选择大学专业还情有可原，进入大学这么久还不知道自己要干什么，确实是失败的。所以，首先要找到自己发展的方向，只有明确了方向才知道在哪儿使力。

第二，找到发展动力。就是要清楚为什么要往这个方向去努力。那么，如何找到人生发展的动力呢？

学生：超越他人。

文东茅：超越他人，与他人竞争，出人头地，这种思维方式非常普遍，也会给人长久的动力，有的人一辈子就是要比别人强。但是这种人经常会很难受，因为你不可能永远比别人强。我相信大家在小学、初中、高中都比别人强。但到了北大以后，你会发现要比别人强是很难的，于是就会很痛苦。而且你越往上，竞争的对手就越强，要超越别人就越难。

自我发展的动力从何而来呢？如果只有小志向，就很容易满足。比如要在北京立足、有房、有车的目标可能很快就会实现，也许不需要你付出多大努力，家里就能满足你。那你接下来要干什么呢？没有目标了。30多岁就什么都不干，养条狗？去旅游？去钓鱼？这样的生活其实过不了多久就会让人感到空虚乏味甚至痛苦。一个人要有持久的动力，就必须要有大关怀、大动力。所谓厚德载物，我认为就是修大德才能做大事。持久的动力来源于大的关怀，北大人要有对社会、国家、人类的关怀和责任心，并把其作为持久努力的动力。

孟子说："穷则独善其身，达则兼济天下。"我们北大学生应该拥有兼济天下的胸怀，以心忧天下为动力。所有取得伟大成就的人，都是依靠这种动力，持续不断地支持自己前进。那么，我们如何去获得这种大志向、大关怀？

学生：多走走，多看看世界。

文东茅：很好，你的观点换一种说法就叫"实践"。参加社会实践，是一种有效的途径。美国大学招生就特别强调社会责任感，强调领导力，是否参加过社会公益活动是他们评价学生的重要指标。他们很注重学生是否到过贫穷地区、是否帮助过弱势群体等。当我们离开庇护自己的家庭和熟悉的环境，走进贫困落后地区和人群时，就进入了一个陌生的空间，我们会发现原来世界上还有这么多事情需要我们去做，还有这么多人需要关心和帮助；我们会发现，以自己现有的知识和能力，就已经能够为他人提供一些帮助了；我们还会发展，只有自己学得更好，才能够提供更多的帮助。此时，我们就可能获得持久的动力。

第三，要培养持久发展的能力。有动力而没有相应的能力是不行的，这些能力包括专业知识、跨学科的思维能力、创新和探究的能力、沟通和表达的能力以及广阔的视野、健康的身体、终身学习的能力和习惯等。在此，我特别想强调"想象力"。著名哲学家怀特海在《教育的目的》一书里提到，大学教育最重要的作用就是培养想象力。想象力正是我们所缺乏的，我们的教育通常是对现有知识的灌输与接收，而生活是面向未来的，未来是我们在想象的基础上去创造的。没有对美好世界的想象，就不能创造出一个美好的世界。

当然，我们不能忽视专业能力。你们大学毕业最核心的竞争力是什么？是你们的专业能力。因为有社会分工才有了专业化，有专业化才能够提高生产率。大学通过专业的培养方式，让我们在知识的传承、创新和运用方面有了专业化。如果你舍弃了自己的专业去从事其他行业，某种程度上可能是舍本逐末。所以，一定不要忽视自己的专业能力。不同的专业有不同的专业能力，有的学科注重科学实验，有的注重社会调查，有的注重语言表达，等等。大学只是打基础，这些能力也是需要终身去发展的。

第四，要结交一帮志同道合的朋友。发展不仅要靠自己，也要依靠周围的环境和人。我认为交朋友非常重要，要交有远大志向的志同道合者，而不是狐朋狗友。有一段时间我喜欢参加北大教职工户外健身协会的徒步活动，我对协会的一句口号特别有体会，特别欣赏："一个人可能走得很快，一群人才能走得很远。"如果是一个人，你可能会迷路，可能会缺少毅力；如果是一群人的话，30公里、40公里，甚至一个300公里超级徒步越野项目也能完成。只有一群人齐心协力、相互支持才能干大事。所以，大学期间，要建立自己的同伴关系，如果大学里面没有交到几个朋友的话是很可惜的。

除了志同道合的朋友，还有一个特殊的、极其重要的朋友，你们想到了吗？

学生：恋人。

文东茅：对，就是要找到一个终身伴侣。这个终身伴侣不一定非得在大学里面找到，如果能找到更好，找不到也没有关系，但大学里恋爱的经历非常重要，因为我们至少需要学习如何找到这个你最亲密的朋友，这个与你牵手走一辈子的朋友。

大学改革与超越绩点

文东茅：在现有的体制下，我们如何去超越绩点？如果我全力以赴学习某个专业，还经常不及格，觉得很困难，那我还有能力去超越绩点吗？如果真是如此，大学就应该进行改革,尽可能地帮助学生去实现这种超越。跳高训练时有一种辅助的训练方法:在起跳点上放一个有弹簧的跳板。借助这个跳板,我能跳近两米,那种感觉非常棒。大学的改革就是要搭建这样一个跳板,帮助学生实现超越。

那么,如何搭建这个跳板呢?作为教育研究者,我首先建议学校一定要赋予学生选择权。专业是什么?专业是一种学科的划分,而对学生来说,专业就是一组固定的课程。每个专业的差别就在于课程的差异性。在座的有来自物理学院的,我们就以物理学院为例。课程组合是谁规定的呢?是物理学院的教授规定的。为什么这么规定?因为他们认为,要达到一个北大物理学院毕业生的水平,就必须要学完这几门课程,如果其中一门课不及格,就不能成为物理学院的合格学生,就不能拿到毕业证。学生在课程上有没有选择权?现在很多学生的学业发展经常被卡在某一门课上,比如高数,好不容易才拿到60分的绩点(为1),平均绩点怎么也达不到3.4或3.5了。由此导致保研、出国无望,继而失去了信心和学习的动力,并影响到以后的发展。所以,我觉得大学不应该设立很多关卡把学生卡住,阻碍学生的发展。一门课就把学生卡住的情况必须改变。大学应该为每一个学生的发展提供多条通道、多种成长路径,以便克服这个关卡。这样才是真正为学生的发展着想,真正以人为本。

现在的大学表面上给了学生很多选择，但是实际上，你却只能学物理或者化学，即只能学一组规定的课程。我们能不能同时学物理和化学，或者化学和生物，或者地理和历史？我们一直强调跨学科的研究，但跨学科的专业培养却非常少。如果让学生来做选择，他们可能会创造出很多新的东西。北大在这方面已经有很大的进步了，比如我们有"政治学、经济学与哲学"专业，有"古生物学"专业。将来能不能有"生物化学物理"或"运动艺术"等其他个性化的专业呢？完全有可能。专业的本质是一组课程的组合，如果一组课程的组合有道理，就可以让它成为单独的一个名称，甚至在将来每个人都可以为自己设计一组课程，学习专属于自己的专业。

由此看来，有了自主选择，就会颠覆专业的概念。专业并不是一帮教授给学生规定的一个固定的课程组合，有可能会变成我们自愿选择的一组课程的组合。这里有一个非常严肃的学术问题：什么知识最有价值？与此相关的是，谁的知识最重要？谁能够决定什么知识最重要？对每个人来说，自己认为最重要的知识才是最重要的，而不是教授认为最重要的知识就最重要。我们要赋予学生选择的权利，打破专业的概念和必修科目的概念，给学生提供多种发展通道，让学生自己设计自己的发展，这才是最重要的教育改革。

此外，评价学生应多元化。既然学生的专业选择和发展目标已经多元化了，那么对学生的评价也应该变得多元。我认为评价多元化有这几个方面：第一，评价方式的多元化。除了考试以外，可以用论文、实验、演讲、辩论、研究设计、作品展示等作为评价的方式。第二，评价的标准应该多元化。除了计算所有科目的平均绩点，也可以只计算专业课的绩点，或者学生自选科目的绩点。例如，学生可以选择自己最喜欢的 10 门课程计算平均绩点，如果这 10 门课程的绩点很高，也许真能说明很多问题，可以更充分地反映一个人的兴趣和特长。第三，评价主体的多元化。现在都是由教授给分，但每个教授都有一定的偏好，这位给你很高的分数，另一位可能会给得很低，这种情况经常会出现。可以探索让同班同学参与评价，也可以让同学自己评价。第四，评价的维度应该多元化。现在的评价更倾向于对现有知识的掌握程度，对知识的创新重视不足，对学生的价值观、情感、态度、习惯、发展潜力等的评价也不够。如果学生评价能走向多元化，同学们就不会只是纠结于绩点的高低，而是会去追求真正有意义、有价值的东西，这样的话，我们就能"超越绩点"。

文东茅与学生交流

微语录

※ 所有的超越都需要以实力为基础。我的建议是,"超越绩点"的前提是要达到一定的平均绩点。"超越绩点"不是不要绩点,而是要达到一定的绩点之后的超越。

※ 各科及格是对学生学业统一的、基本的要求,也是每个人通过努力都能达到的,所以正常情况下大家都不应该有不及格的科目。

※ 成长是一个不断选择和取舍的过程。选择其实就意味着放弃。一个人可能不知道自己最喜欢什么,但是通过尝试可以发现自己不喜欢什么,这种排除法

也是寻找发展方向的基本途径。

※ 大学本科是人生中十分重要的基础阶段，有很多比绩点更值得追求的价值。为此，应该确立人生发展的方向，找到发展的动力，要培养持久发展的能力，还要结交一帮志同道合的朋友。

※ 一个人如果只有小志向，就很容易满足。所谓厚德载物，我认为就是修大德才能做大事。持久的动力来源于大的关怀，北大人要有对社会、国家、人类的关怀和责任心，并把其作为持久努力的动力。

※ 社会实践和公益活动是了解社会、产生心灵震撼的重要途径。走出自己的世界，感受到他人的需要，会让你找到自身的价值和前进的动力。

※ 最核心的竞争力是专业能力。舍弃专业能力，某种程度上可能是舍本逐末。

※ 要结交一群志同道合的朋友，与你一路同行。"一个人可能走得很快，一群人才能走得很远。"

※ 超越绩点也需要大学的改革予以配合。大学教育应当在学生成长过程中搭建跳板。其中最重要的就是赋予学生选择权和有多元化的评价学生的方式。

※ 大学的专业本质上是一组课程的组合。赋予学生选择权意味着课程不再是外在的、他人规定的固定组合，而是学生可以自主选择的、自己认为重要的课

程组合，这样就可能会形成各种跨学科专业甚至个性化专业。

※ 一个人的成长过程中，真正的老师是自己，自己是"主教"；所有其他人，包括老师、父母、同学，都是"助教"。一味地追求绩点就是在迎合他人、失去自我；超越绩点才可能找到自我。

※ 除了对现有知识的掌握程度的关注，大学还应重视知识的创新，对学生的评价还应更多地关注价值观、情感、态度、习惯、创新、发展潜力等维度。

夜空中最亮的星

吴学兵

吴学兵,北京大学物理学院天文学系教授、系主任,科维理天文与天体物理研究所副所长。兼任中国天文学会副理事长,Research in Astronomy and Astrophysics 杂志编委,国际天文学联合会(IAU)会员。研究领域为黑洞天体物理、类星体与活动星系核、高能天体物理、观测宇宙学。2004 年入选教育部新世纪优秀人才支持计划,2005 年获国家杰出青年科学基金,2015 年获中国天文学会首届黄润乾天体物理基础研究奖。研究成果入选 2015 年度中国科学十大进展、中国高等学校十大科技进展,获 2017 年度高等学校自然科学一等奖。

心有宇宙天地宽

吴飞

吴学兵：非常高兴能来到"教授茶座"与同学们进行交流。在学习和科研中，有时我们自己有很多新的想法，但是并不能完完全全地将它们释放出来，这时候就需要跟大家一起讨论。在讨论的过程中，很多新的想法和灵感可以被激发出来。科研也是这样，它并没有一个一成不变的模式，而是需要不断地讨论、学习和尝试。一定要不断地问问题，不断地挑战自己的智力。我们今天是一个很轻松的茶座，不需要局限在学术方面，希望大家能够畅所欲言。

黑洞和宇宙

学生：吴老师，通常大家认为黑洞应该是不发光的，那为什么您领导的团队所发现的超级天体可以称为"夜空中最亮的星"呢？

吴学兵：黑洞虽然自己不发光，但它的引力是最强的，它周围的物质因为受到它的吸引往里头掉，这些东西挤在一块就会发生碰撞，撞起来就会发热，所以说在最靠近黑洞的时候，往往是这些物质下落过程中碰撞最激烈的时候。就像我们所了解的摩擦生热一样，这些碰撞所产生的动能就转化为我们看得到的光。虽然黑洞不发光，但黑洞周围的东西在发光，物质在相互撞击、摩擦的时候，会发出巨大的光，所以我们发现的质量最大的黑洞，它们往往都是以一种最亮的天体的形式存在的。

另外，黑洞并不像我们想象的那样是一个黑球，接近它的时候，会看到它周围是不对称的，这也是物理学的一些效应所导致的。牛顿的理论不能用来描述黑洞，要研究黑洞自身，需要用到爱因斯坦的广义相对论。广义相对论有很多效应，这会使你在接近黑洞的时候，看到黑洞周围不是完全球对称的。

学生：有的物理学家认为，银河系也处于一个黑洞中间。您觉得这个说法可靠吗？

吴学兵：银河系中确实是有黑洞的，银河系的中心就有一个四百万个太阳质量那么重的黑洞，在银河系的别的地方也发现了几十个相当于十个太阳那么重的质量小一些的黑洞。但是，"银河系在一个黑洞当中"，我还真的不太了解这种说法。有人说，我们整个宇宙就是一个黑洞，外面的人看不到我们，所以我们对于他们来说是黑的，我觉得这个说法不太确切。要是我们在黑洞当中，我们应该是没有特征的。因为黑洞有一个"无毛定理"，在形成黑洞之后，原先形成黑洞的物质是什么的这些信息就全部损失掉了，这也称为"黑洞无毛"。毛发是继承于父母的遗传信息，那么"黑洞无毛"意味着黑洞在形成之前的信息全都损失掉了。从这个角度来讲，"银河系在某一个黑洞当中"这个说法在科学上难以自圆其说。

学生：现在很多人都在研究黑洞，那么黑洞究竟有哪些可以研究的地方呢？

吴学兵：研究黑洞可以利用很多方法，不光天文学家会去研究，理论物理学家也会去研究，他们会利用比较数学化的物理方法去研究黑洞。但是，他们所研究的黑洞与天文学家所研究的黑洞其实不完全是一回事。从数学上可以研究黑洞视界里的时空结构。但是，天文学家认为，研究黑洞视界里的东西可能没有意义。因为那些东西是无法探测的，无法被探测就意味着无法被验证。实践是检验真理的唯一标准。如果一个理论无法得到验证，那么它究竟是对是错就很难估计和判断。像广义相对论等爱因斯坦的理论是可以验证的，并且验证之后我们发现这些理论都是对的。比如霍金也有很多理论，但是暂时都没办法验证。

研究高能物理的学者可以通过研究黑洞附近的一些物质去研究黑洞。当这些物质非常靠近黑洞的时候，温度会非常高，这时就可以发出一些 X 射线，甚至 γ 射线，所以就可以用一些高能探测器去研究这些在黑洞附近的物质的一些特性。他们研究的并不是黑洞本身。如果黑洞质量小，其周围物质的温度就会很高，它们的发光（波长）其实主要并不在我们肉眼可见的可见光区，而是在 X 射线区域。因此，做高能研究的物理学家可以用高能的手段，去研究这些 X 射线。有些天文学家研究的是质量巨大的黑洞，这些黑洞外面物质的温度反而没有那么高，因此它们就正好在可见光的波长区域发光最强，这就是我们可以利用光学望远镜去研究这些巨大黑洞的原理。

学生：霍金原来有一个关于黑洞耗散的理论，您认为这是可能的吗？

吴学兵：霍金最有名的理论是"黑洞蒸发"，即黑洞蒸发的能量的大小是与质量成反比的，质量越小的时候，蒸发效应越明显。所以，谈到黑洞的量子效应的时候，前提是这个黑洞质量是很小的。但是，我们真正在进行天体物理研究时所面对的黑洞都是质量比太阳大很多的大质量黑洞，霍金效应即使有，也是可以忽略不计的。因此，在天体物理意义上，霍金的黑洞蒸发效应基本上是观测不到的。

学生：宇宙到底是什么？我们的宇宙在空间上是无限大的吗？其他的宇宙会在哪里？如果我们的宇宙无限膨胀下去，会跟其他的宇宙撞上吗？

吴学兵："宇宙"这个词，"宇"表示空间，"宙"表示时间，宇宙实际上就是一种空间与时间的集合。作为科学家，我们只能把我们能够了解的这一部分称作我们所在的宇宙，我们不能了解的，我们也不能说什么，否则就会变成空谈。所以，宇宙的定义在不同人的观念里其实是不一样的。科学家所说的宇宙与哲学意义上无所不包的宇宙是不一样的，科学家说的是我们所能观测到的、所能了解的宇宙。

从哲学上讲，宇宙可能就是无限的，但是，科学家不一定这么认为。在科学家眼中，宇宙究竟是有限的还是无限的，依赖于这个宇宙究竟是否会永远膨胀下去。我们现在知道宇宙是在膨胀的,因为宇宙起源于一个大爆炸,而我们现在还处在这个爆炸后的膨胀过程当中。宇宙是膨胀的,如果没有一个力把它给拉回来,那么宇宙就会永远膨胀下去,这样的话,我们的宇宙就应该是无限的。但是,宇宙是有万有引力的,这个引力就是往里头拉的力。所以,在我学这方面的天文学知识的时候,老师都告诉我们,宇宙是有限的,不会无限膨胀下去,它的膨胀是减速的,我们还专门用一个"减速因子"来描述它。按照这个定义,宇宙就肯定不是无限的。因此,宇宙是有限还是无限的,依赖于它究竟是无限膨胀下去,还是在某一个时刻被拉回来。所以,现在我还不好说这个宇宙究竟会是什么样子,这个问题现在还没有一个明确的结论。

如果有别的宇宙,那也不是不可能的,这个问题现在还没有答案。我们所要研究的、所能研究的这个宇宙,还是有一定限制的。我们只能说"能够找到的最远的天体",这并不代表宇宙中每一个最远的天体我们都能找到。我们看不到的东西,并不代表它不存在。所以,现在我们科学家只能说,我们尽可能地去发现离我们最远的天体,这个被发现的最远的天体可以让我们了解到宇宙的尺度至少是这么大。

学生:现在发现的宇宙的尺度有多大呢?

吴学兵:天文学家通常采用光年作为距离单位,也就是以光走一年的距离作为衡量尺度,我们现在能看到的最远的东西大概是 130 亿光年的,天文学家认为从宇宙大爆炸开始到现在应该是 137 亿光年。而 130 亿光年之前的东西,我们还了解得很有限。像我们现在发现的这些"最亮的天体"离我们有 128 亿光年,实际上这代表了它们很靠近宇宙刚开始的那个年代,这是很不容易发现的。肯定有比它更远的天体,所以,天文学家不断地要去寻找更远的天体,把我们可以了解的宇宙的范围不断地扩大。

如何发现 "最亮的星"

学生:您是怎样发现这一颗"夜空中最亮的星"的?可以介绍一下大致的过程吗?

吴学兵:这个过程也是挺有意思的。在我研究的这个领域,国内的光学波段的望远镜实际上并不是很理想,利用它们看不了太暗的天体,这是一个局限,但这个局限反而能让我们去发现一些亮的天体。有的人认为,蜡烛放在远的地方就很暗了,看不见了。但是,如果不是根蜡烛而是个探照灯又会如何呢?探照灯被放在更远的地方说不定会比那个放在近处的小蜡烛还要亮呢!

所以,我们就想去找一些这样的、很奇怪的天体,这是我们刚开始的策略。我们有一个观测计划,想通过对现有资料的分析,去选一些有可能很远但仍然发光巨大的天体,专门去挑这些很特别的天体。我与我的四个研究生组成了这个项目的一个核心团队,我们选了一两百个比较亮的天体,经过分析后发现了最亮的那一个。发现之后我们编写了一个程序,能够通过不同波长的发光,粗略地估算出天体的距离。在做进一步的观测之前,我们就有一个粗略的估计,即这个天体比较亮,如果它的距离很远的话,那么它发出的光一定是巨大的,也就是说,它可能是最亮的天体。我们把它作为观测的第一优先对象,并用云南丽江的一个望远镜拍了光谱。光谱里的谱线会显示出它的距离,天体所在的地方越远,它的光的谱线就会从静止的波长移动到越红的地方去。我们可以判断出这个红移是多少,而这个红移又跟距离有关。所以,这个第一优先对象的红移算出来,真是把我们吓了一跳,它还真是最亮的一颗星。这就是我们发现它的大致过程。后来我们还用国外的一些望远镜证实了这个结论,并计算了它中心的黑洞的质量。它既是最亮的一颗星,它中心的黑洞也是质量最大的。其实我们在估算这个黑洞的质量的时候,并不轻松。我们是2013年12月发现这颗星的,但最后的证实和质量计算又花了10个月的时间。所以说,每一项发现都不是那么容易的,尤其是当设备不是非常先进的时候,更加需要国际上的合作。

学生:我之前看过一个关于您的采访,了解到您在整个发现过程中除了用到云南的2.4米望远镜以外,还向国外借调了四个望远镜,有多镜面望远镜、大型双筒望远镜

（LBT）、双子座望远镜、麦哲伦望远镜等。您能够借用到这么多天文望远镜，是不是说明在天文学界的国际合作比较频繁呢？其中是不是存在一个完整的合作机制？

吴学兵：对，从原则上来讲，我们天文学家研究的对象都是共同的，这一特点决定了国际合作的必要性，合作带来共赢。所以，天文学是一个国际合作非常频繁的学科，大家有一些公认的准则，比如说几乎所有的望远镜都可以去申请观测时间。

此外，还存在一些"台长支配时间"。就是说，如果突然有一个现象特别有意思，但是这个望远镜的使用时间可能已经分给别人了，这时台长有权决定当天晚上就要用它来观测这个特殊天体。这是每一个天文台台长都有的权限，叫 DDT（Director's Discretionary Time），就是台长优先的时间。我们也经常碰到这样的事，本来晚上是分给我们观测的时间，但是突然发生了一个很重要的事件，台长马上决定，我们停下来，这一小时给那个人来进行观测。这都是约定好的，大家都遵循这个原则来做。所以，像我们这个天体发现以后，大家判断它还是蛮重要的，我们就拿到了双子座、LBT 望远镜的台长时间。基本上有重要发现的时候，这些都会优先考虑，这个原则大家是公认的。所以，天文学家之间的合作是比较愉快的，大家没有什么特别保密的东西。我们在 *Nature* 的文章是 2015 年 2 月才登出来的，但是我们的发现别的天文学家早就知道了，因为我们在申请望远镜的时候会写明我们的天体坐标在哪儿,亮度是多少,所以对同行来说,这并不是什么太大的秘密。

学生:吴老师,中外在天文方面的差距体现在哪些方面,是技术上的差距吗?以这颗最亮的星为例,如果有一个外国的科学家也在观察这片区域,那么他是否也会发现这颗最亮的星呢?

吴学兵:对,这是个很好的问题。我刚才讲,天文学家们面对的研究对象都是共同的,所以即使我们没有发现,我相信也会有别的人去发现。但是,每个人发现的方式和方法都有着自己的创新。我们会去那么做,就是因为我们相信宇宙中有些很特别的东西存在。如果别人也有这个想法,然后也掌握了我们的工具和方法,也是可以发现的,但这个方法不太容易被他们掌握,因为这是我们花了几年的时间形成的一套发现最远的还很亮的天体的方法,而且用这个方法还能估算天体的距离。这些方法别人想学到可能还需要一定的时间。现在基本上如果他们需要,我们可以把程序发给他们,但是根据国际惯例,这是我们之间的合作,那么他们因此得到的发现也应该有我们的份儿。也就是说,别的天文学家如果用我们的方法去观测这样的一个天体,他也能发现,这是没有问题的,而且只需要有一个两米的望远镜就可以。关键的是方法的选择,这是我们的"独门绝技"。

漫谈天文学

学生：您能不能给我们科普一下天文学在中国的发展历史，比如它的起源以及一些有里程碑意义的事件等？

吴学兵：实际上天文学的起源很简单，古代以农业为主，所以人们需要明白什么时候起床，什么时候睡觉，日出而作，日落而息，这实际上就是通过观察太阳、月亮这些最简单的天体的运行来安排自己活动的时间。中国古代也有一些天文仪器用来定时间，比如说太阳的高度不同，地下阴影的长度就不同，根据影子的长度就可以区分上午和下午。这些简单的用来计时、定月份、定季节的仪器，都是根据天文学来做的。后来，在航海中，那时没有GPS、没有雷达，就需要用星星来确定方位。所以说，天文学在古代是非常实用的。有时候古代天文学也不是那么科学，有些同学想知道占卜、星座有没有科学依据，这个基本上是没有的。但是，中国的皇帝很相信这些东西，所以总有一些掌管天文的官员去记录星象，这些记录对我们现在的天文研究来说是很有帮助的。

现代天文学主要来自西方。他们有望远镜，拿望远镜看天空，行星、卫星等就被发现了。中国这方面的发展要缓慢一些，我们没有最先进的仪器，所以近四百年——可能不只是天文学，其他的科学也一样——我们远远落后。

只是到现在我们才慢慢地赶上了，国内大学的天文系越来越多，所以你们应该对中国天文学以后的发展有信心。其实，天文爱好者是非常多的，小孩非常喜欢天文，为什么？因为它跟化学、物理不一样，不需要特别复杂的仪器，找一个开阔的天空去看星星，就是在研究了。哪怕只有一个小望远镜这样简单的仪器，也可以帮助一个小孩建立对科学的兴趣。所以，天文学是一个最容易让青少年对科学产生兴趣的学科。拿一个望远镜去看月亮，就能看到上面非常集中的环形山；如果去看木星，会看见它的卫星；还能看到围绕土星的环。一个小孩看到这些东西之后，他探索宇宙的激情和对科学的爱好就会被激发起来。所以，我认为天文学是一个用来普及科学的非常好的方式。

学生：天文学如何研究"演化"这个问题呢？

吴学兵：把所观察到的东西用一个综合的图像结合起来，甚至用一个演化的动态的图像结合起来，是一个很重要的天文问题，这个问题的研究需要借助物理学的理论。其实在一百年前，在哈勃发现宇宙膨胀之前，我们甚至认为银河系就是整个宇宙，直到发现它旁边有个仙女座大星云，才知道还有存在于银河系外部的天体，银河系只是一个普通的星系。所以说，很多时候我们必须依赖研究的深入，才能再现物理图像，对事物有一个整体的、动态的了解，进而去研究天体的演化。

学生：有人说物理学到最后会走向哲学。您是怎么看待哲学的呢？

吴学兵：是有这种说法。我很喜欢跟哲学家讨论一些问题，因为他们的视野范围比我大，他们说哲学是无所不包的，什么都在哲学的范畴之内，而我们研究的宇宙也在哲学的范围之内。有一些人既是很好的哲学家，也是很好的天文学家。我们天文学中有一个星云假说，是指星云在引力作用下聚集，然后会形成一些星体，这是哲学家康德提出来的。所以我觉得一个好的哲学家慢慢地变成一个科学家是可能的，一个好的科学家慢慢变成哲学家也是有可能的。

但是，哲学和科学还是会有一些不同，哲学家的概念往往比较笼统、抽象，而科学家们面对的是一个一个具体的天体，是可验证的。像我们这样理科出身的人可能更喜欢做这些可以验证的事情。举个例子，我发现了这个天体，别人同样也可以看到这个天体，他可以检验你发现的这个天体的距离对不对。但是，在哲学上就很难做到这样。

关于人生选择

学生：人的一生在很大程度上是由很多小的选择和大的选择所组成的。您有没有做出过一个对今天的您影响非常大的选择？

吴学兵：对于一个人而言，有选择的权利和机会应该是一件挺高兴的事情，很多人并没有这样的选择。其实对我来说，所做出的对我影响最大的选择应该就是选择了天文研究这条道路。我原来在大学学的并不是天文，而是物理，到三年级的时候才决定以后究竟要做什么，那时候专业的划分并不像现在这么细，我是学物理学专业的，做什么都可以，可以去做计算机，因为当时计算机还没有从物理里面分出来，也可以去做实验物理、粒子物理、核物理，当然也可以做天体物理。无论做哪一个选择，好像也没有什么太大的区别。那时候我听了一场讲座，给我留下了很深的印象。那是我在大学三年级的时候，有三个天文学家，一个讲黑洞，一个讲望远镜，一个讲现在我们研究的类星体，讲了两个小时。那场讲座我听得特别带劲，我还清楚地记得当时他们在黑板上写的公式、画的望远镜的光路图。这是对我影响特别大的一件事。

我是物理学专业的学生，只学过普通物理和一些简单的知识，天体物理对我来说完全是一个陌生的领域。但那场讲座是我当时真正能听懂的一个学术讲座，他们用的是我们懂的力学和光学知识，讲得比较通俗易懂。我就觉得天文学蛮有意思的，而且还是用望远镜看得见的；所以从三年级起，我就把兴趣定在天文和天体物理上，然后考研到了天体物理专业。这个选择对我很重要，所以我一直都非常肯定我所做出的选择，你看直到现在为止我还在做天文研究。做选择有时候很难，因为别人没法代替我们做决定。希望大家像我一样，做出一个选择，让自己一辈子也不后悔。

学生：从事像物理学这样的学科研究需要花费很长时间，还不能保证做出成绩。这时候可能会从一些现实考虑出发，放弃自己的兴趣而做出一些看起来更"安全"的选择，比如尽早成家立业、孝敬父母等。也就是说，在做学术的过程中，其实也不得不考虑一些现实的问题，那么您怎么看待这种学术和现实的矛盾呢？

吴学兵：我很能理解你讲的矛盾。我们每个人都希望通过自己的努力而有所作为，但是，有时候不是想要有作为、取得成就，就能够有所作为、成名成家的。在发现这个最亮的天体之前，我觉得自己就是物理学院里面很普通的一名老师，但是这也没什么。本来就应该干好本职工作，如果能有所发现、有所创新，当然更好。只要我们在尝试和努力，哪怕慢慢地往前走也好。不需要把对自己的期望值设置得那么高，调整一下心态，可能会帮助你更好地做出选择。

因为我们研究宇宙，所以我们把自己想得特别简单。和宇宙相比，地球就是个小不点，我们又都是地球上的小不点，所以不需要想得太多，尽力把事情做好就可以了。但是，也不是说你判断自己做不好一件事情，就可以转去做另外一件事情，那你相信自己一定能做好后来选择的那件事情吗？其实也不一定吧。我在系里也跟很多学生聊过这些事情，的确是这样，有很多人确实奋斗了一辈子，也真是没有太大的成就。科学家里也有金字塔，跑到塔尖的没几个，大部分都还在下面。所以不必特别去考虑这件事。

很多东西可能你刚开始去研究它的时候，会觉得这个跟现实一点关系都没有，但是若干年后，它就变成了日常生活中司空见惯的东西。大家的选择应该多种多样，不必太现实。当今社会好像普遍过于重视就业，但我觉得北大的学生还是不要太现实比较好。北大从来都是一个有理想的学校，北大的学生更应有理想主义的情怀。所以不管怎么说，我觉得还是要坚持自己的兴趣，如果去干一个自己不喜欢的、没兴趣的工作，那肯定是干不好的。如果是自己有兴趣、愿意去做的事情，就会觉得一整天的时间都不够用，所有时间都被填得满满当当的，这样生活就会很充实。

兴趣、专业与科研入门

学生：我觉得每个人都会喜欢看夜空，看繁星闪烁。您最初是怎样走上天文之路的，以及当您把天文作为专业来研究之后，对于星空的喜欢会不会减弱了呢？也就是说，专业知识是否会影响兴趣？

吴学兵：会有影响，因为角度不一样。有时候，同样的一个东西，大家从不同的角度去欣赏，就会不一样。如果是作为爱好者去看夜空，那么感兴趣的可能会是流星雨、行星等。但是，我更愿意把我的时间花在大家看不到的天体的研究上，因为那样更能挑战人类的智慧。比如说，宇宙里有一些东西在那里，躲着，藏着，然后让你去找它，这就是一种挑战。对于大家都能看到的东西，我们这些专业的天文学家不一定会特别感兴趣。我们需要告诉大家，人类的极限在哪儿，能观测到的最远的天体在哪儿，最远的天体是什么，这些可能是我们更感兴趣的东西。

学生：您提到自己在读大三的时候就已经确定并有意训练自己的兴趣了，但是，我快上大二了，还是感觉比较迷茫，不知道自己的兴趣在哪里，如何才能找到自己的兴趣呢？

吴学兵：大学一年级的同学很多都有这样的问题。因此，需要多问，问高年级的学长有些什么经验教训；多看，看看他们后来的发展怎么样；多学，学习一些东西后慢慢地做判断。可能到了二年级会好一些，基本上在三年级就能清楚自己下一步的方案了。

学生：您对本科生科研怎么看？我们是应该以学知识为目的，还是要以发一两篇论文为目的？

吴学兵：我不太赞成以那么功利的方式来做本科生科研，本科生科研（以下简称"本研"）时间其实是有限的，在有限的时间里要做出一个非常像样的结果，可能性是比较小的，当然并不是没有。在我带过的这么多年的本研中也有过几个这样的例子，他们确实做得非常出色。但是，对大多数同学来说，要取得那样的成绩还是很困难的。所以，我倾向于同学们在做本研时，不必非要抱着必须发文章的目的。其实，我也问过国外的一些教授，他们也并不认为只有发文章才能代表一个人的研究潜力，他们更看重的是，带你做本研的教授们对你在科研活动中的表现的评价，就是你真正发挥作用的地方在哪里。所以，本研不一定非得抱着发文章的目的来做，如果抱着一个特别功利性的目的，往往事与愿违，做不好。

学生：一般认为，本科阶段主要是通过积累获取某一学科的知识结构，而博士阶段就要在一个细小的方向做深入的研究，那么像我所处的硕士阶段可能是从知识积累向专业研究的过渡期。对于更好地步入研究阶段，您有什么建议吗？

吴学兵：确实有这种说法，但是就我们天文学而言，我觉得不存在这个问题。硕士第一年主要还是上课学习，上一些比在本科时更专、更高深的课，这些课实际上能够为未来的研究打下基础。我们每周都有小组讨论。从这些讨论中，你可以知道教授们在研究什么，你可能刚开始什么都听不懂，但慢慢听得多、看得多了，就能理解了。在我们天文学中，看文献也是非常重要的，你要研究某个事物，就需要把迄今为止大家的研究成果都了解一遍，在这个基础上，再看看自己有没有更好的想法，是否能比别人研究得更深、更远、更好。现在大家的工具都有了，各方面数据也充分了，只要有好的想法，就可以做出比别人更好的东西。科学研究就是这样，只能做得比别人更好，而不能一再重复前人的。这是一个积累的过程，知识在积累，研究的经验也在积累。研究没有秘诀，只有多积累自己的知识，多参加各种各样的讨论，多跟比你厉害的人学习，才能掌握入门做研究的技巧。

学生：那么入门的文章一般可以怎么找？比如说要找一些综述的文章，稍微简单一点的，通常有什么好办法？

吴学兵：我自己做研究的时候，就找专家写的综述文章来看，当然这些专家写的综述文章有时候的确很难懂，不过那也没关系，可以去跟研究生师兄师姐和其他同学请教，或者找老师也可以。我的学生也是这样，我找一些入门的文章让他们看，他们可能觉得很难，没关系，有问题才好呢！每一页都能问出问题，那么一个一个地去解答问题。这页问题没有了，表示他慢慢地把知识积累上了。所以，要想了解一门学科，就必须找这门学科最权威的人写的文章来学习，这确实非常重要。其实我一点都不怕大家问问题，哪怕问的是我不能回答的问题，我都会觉得这是好问题。

不怕无聊，不畏挫折

学生：很多人都会觉得反复做一项研究很无聊，您有没有遇到过这种情况？在无聊的时候，怎样才能坚持到最后？

吴学兵：我自己的经历里面感到很无聊的时候很少，因为我们都在挑战极限，我现在想做的事情是全世界的科学家、天文学家都想攻克的。这个目标在那里，大家都想去突破它，如果我们能先走一步，把这个目标实现，那么将会是一件非常令人激动的事情。科学就是这样，科学就是要当这个第一，靠自己的能力去实现别人实现不了的目标。我们现在的发现是其中之一，但还有别的发现在等待着我们，所以好像并没有什么特别让我们觉得无聊的事，因为我们总是在想办法，想很多办法让自己去实现这个目标。而且我们不是偷偷地干，而是让别人知道自己在干什么，这样的话，如果别人比我们先行一步去解决问题，那也不错啊。

天文学可能真是跟别的学科不太一样，没有特别的保守和保留。许多数据资料都是公开的，别人找我们要数据、要程序，我们都会提供给他们。我好像真的想不出来有什么特别无聊的时候，我总觉得时间不够用，可能是因为我觉得我们已经具备了去挑战别人发现不了或者解决不了的问题的能力了。以前我们可能确实在很多方面都不如别人，但是我刚才也讲过，中国科学在向前发展，我们也已经有能力做到这一点。正因为有那么多悬而未决的问题在等着我们去解答，所以对我们而言，时间是很宝贵的，谈不上有什么无聊的时候。

学生：那有没有特别受挫的时候？这时如何调整自己的情绪呢？

吴学兵：受挫的时候当然有，太多了，做科研就是不断地受挫。失败的话，那就屡败屡战喽。科学就是这样，任何事情不是想做就能做成的，很多时候尝试过但还是不行。爱迪生发明电灯泡，不知道试了多少次才成功。科学就是不断地尝试，受点挫折算什么。我们做天文观测，万里迢迢，跑到地球的另一端，结果待两天全是多云下雨的天气，只好又回来了，这在我们看来是很正常的事情。虽然也很郁闷，辛辛苦苦却一无所获，但是天文学就是这样的，在地面上做天文，就要依赖天气。所以，我们的抗击打能力很强，心胸比较开阔，不太计较别人的看法，甚至都不太计较吃什么，穿得好一点还是差一点。可能大部分天文学家都是这样的，因为天文学研究的东西比我们的地球大太多了，这些小的东西太计较有什么劲？受点挫折也没什么，反正明天再接着干，就是这样。

夜空中最亮的星 | 211

吴学兵与学生合影

微语录

※ 科研没有一个一成不变的模式，多讨论、多学习、多尝试，这是必需的。一定要不断提问，不断挑战自己的智力。

※ 实践是检验真理的唯一标准。如果一个理论无法得到验证，那么它究竟是对是错就很难估计和判断。

※ "宇"表示空间，"宙"表示时间，宇宙实际上就是一种时间和空间的集合。一般而言，科学家只能把能够了解的一部分称作我们所在的宇宙。宇宙在

不同人的观念里可能会有所不同。

※ 我们所能研究的宇宙是有一定限度的,但我们始终在尽可能地去发现离我们最远的天体。

※ 我们是2013年12月发现这颗星的,但最后的证实和质量计算又花了10个月的时间。所以说,每一项发现都不是那么容易的,尤其是当设备不是非常先进的时候,更加需要国际上的合作。

※ 天文学和其他学科的不同点是:大家研究的对象都是共同的,我们必须要合作。所以天文学家之间的合作都是比较愉快的,大家也不会有所保留。

※ 天文学是一个用来普及科学的非常好的方式。简单的仪器就可以帮助一个小孩建立对科学的兴趣,他探索宇宙的激情和对科学的爱好就会被激发出来。

※ 对于一个人而言,有选择的权利和机会应该是一件挺高兴的事情,很多人并没有这样的选择。

※ 做选择有时候很难,因为别人没法代替我们做决定。希望大家像我一样,做出一个选择,让自己一辈子也不后悔。

※ 有时不需要把对自己的期望值设置得那么高,调整一下心态,可能会帮助你更好地做出选择。

※ 和宇宙相比,地球就是个小不点,我们又都是地球上的小不点,所以不需要想得太多,尽力把事情做

好就可以了，然后再慢慢地往前走。不是每个人都能成为塔尖上的人。

※ 其实天文学并不是完全不接地气的，很多东西可能你刚开始去研究它的时候，会觉得这个跟现实一点关系都没有，但是若干年后，它就变成了日常生活中司空见惯的东西。

※ 当今社会好像普遍过于重视就业，但我觉得北大的学生还是不要太现实比较好。北大从来都是一个有理想的学校，北大的学生更应有理想主义的情怀。

※ 专业知识会对兴趣产生影响。同样一个事物，大家欣赏的角度不同，看到的内容自然也不同。我愿意把我的时间花在大家看不到的天体研究上，因为这些东西更有挑战性，我所感兴趣的是人类能够观测到的极限。

※ 大学一年级的同学很容易对自己的未来产生迷茫，这也是最难做决定的时候。因此，需要多问，问高年级的学长有些什么经验教训；多看，看看他们后来的发展怎么样；多学，学习一些东西后慢慢地做判断。

※ 要想了解一门学科，就必须找这门学科最权威的人写的文章来学习。学问就是要学习，要问问题，很多新的想法都是在与别人讨论的时候被激发出来的。

※ 正因为有那么多悬而未决的问题在等着我们去解答，所以对我们而言时间是很宝贵的，谈不上有什么无聊的时候。

※ 做科研就是不断受挫的过程，但仍要选择不断地尝试，屡败屡战。

谈创新创业[①]

吴志攀、杨岩

> **作者小传**
>
> 吴志攀，北京大学法学院教授。曾任北京大学常务副校长、法学院院长。研究领域为金融法、国际经济法、国际金融法等。1995年获得"全国杰出青年法学家"提名奖，1999年获北京市五一劳动奖章。代表作有《金融法概论》《国际经济法》《金融全球化与中国金融法》《金融法典型案例解析》《商业银行法务》《中央银行法制》《金融法的"四色定理"》《闻道与问道》等。
>
> 杨岩，北京大学地球物理系学士、硕士（1988—1995），北大光华管理学院首期EMBA。北大企业家创投基金执行合伙人，北大企业家俱乐部发起理事。2001年创办北京方正春元科技发展有限公司，该公司于2008年被A股上市公司用友软件收购，为当年国内软件行业最大并购案。2008年至今，已参与投资互联网、医药、精细化工、新材料、旅游、影视制作等行业多家企业。

[①] 应吴志攀教授之约，一同参加本期教授茶座活动的嘉宾还有杨岩、李宇宁（时任北京大学校友工作办公室主任）、黄冠（时任北京大学就业指导与服务中心工作人员）。

吴志攀老师为本期茶座所作

祝教授茶座成为学生职业规划指路航标。

杨岩

创业时代的震撼

吴志攀：很荣幸受同学们的邀请参加今天的活动。校友工作包括校友企业家俱乐部、"创业基金+孵化器"。我经常参加一些校友创业活动,接受新知识的刺激。如在中关村创业大街,有一个1200平方米的孵化器,在校生可以免费去听课,接受校友企业家的辅导;像车库咖啡,表面上是喝咖啡,实际上是搞创业,给了我许多启发。

举两个学生的例子。其一是我的硕士生张锐。1998年广东省高考文科第一名,本科和硕士都在北大跟着我学习,毕业后进入摩根士丹利工作。2005年,放弃高薪投行工作回国创业,现在是时趣网的CEO,负责企业公关服务,公司市值1亿多。其二是我的学生张天一。我的学生大多在金融部门、监管部门工作,做律师的多为证券银行法方向,但张天一开了一家做米粉生意的店,他说这是在做信息和文化交流的平台。我去过很多次这家店,在店里给学生上课。

现在互联网的发达,给人们带来很大的震撼。李克强总理强调"大众创业、万众创新"。中关村进行科技创新、鼓励创业、做孵化器,没有太多商业利润,然而海淀区政府能下这个决心。这在很多人看来是很令人震惊的事情。

现在创业的年轻人手中有资金,一个毕业生手里有2

万元，在我们 1978 级的毕业生看来是不可想象的。现在的学生们可以冒一次险，不成功可以再找工作。我们当时必须服从分配，没有条件创业，也不需要我们创业。现在人们对创业的接受度提高了，认为创业可以解决就业问题、减轻社会负担。

想创业必须了解的那些事

学生：请问杨师兄毕业后如何走上了创业之路？组建创业团队最重要的是什么？

杨岩：我特别鼓励同学们上学期间多去尝试。创业是不断试错的过程。毕业二十年回头看，大家能力相近，但凡创业做得好的，都是胆子大、敢于迈出这一步的人。

我之所以敢一毕业就创业，和大学期间的打工经验相关。我在研究生时挣了 10 万元，有尝试就有了自信。在学校，折腾比不折腾强。创业刚开始我遇到了很多挫折，毕业后做软件，当时盗版软件多，我们的软件不好卖。遇到困难时，合作伙伴一个出国了，另一个觉得风险大也选择了退出。由于我是出资人，没办法退出，于是被迫开始创业。

创业最初组建团队时，最好找熟悉的人，这样沟通成本低；要找性格互补的人；团队内分工要明确。

李宇宁：北大学生合伙创业一般都是性格互补的，比如新东方、蓝色光标和百度，这些创业者性格迥异，不是随便找个人就能合伙创业的。

学生：想创业，但不知从何处入手。

杨岩：企业在市场上生存，归根结底是提供为大众所接受的产品或服务，为大众带来方便。要抓住大众的痛点，即其需求中最敏感的一部分，才能为大众所需要。互联网的火爆是有一定道理的。百度、阿里巴巴、腾讯这三大公司解决了三个人类最基本的需求。百度是信息高速通道的入口，面对海量信息，需要一个导航来解决人对信息的需求。阿里巴巴在互联网兴起后实现了人和购物零距离，更方便地满足了人购买的需要。腾讯本质上是一个通信工具，实现了最便捷的图文社交。信息、购物、社交是最基本且最广泛的需求，需求量大，客户群也最大。

很多人创业有直觉，能够敏锐地发现大众需求。新机出现，就有弯道超车的机会。互联网的价值核心在于入口价值，消费者一旦产生消费意识，第一反应是想到你的消费途径，那么这就非常有价值。传统互联网的入口是Windows，如今可以通过应用、智能终端提供多个入口。每个细分领域的消费都有相对应的应用来解决需求，每个细分领域都可能有多个入口，只有做到前两位乃至第一位才具有生存价值。入口成为产业链的最上游，移动互联网的本质是要把握这个入口。举例说，美容是个刚需，有消费能力的消费者会经常去保养自己，上门美甲和美容等新需求出现，这就需要我们抢占更多入口。

学生：投资人和创业人有什么区别呢？

杨岩：投资的范畴非常大，分一级市场、一级半市场和二级市场。一级市场投股权，一级半市场做定增并购等，二级市场即股票流通市场。虽然都是投资，但对人的要求不一样。股权投资要求投资人对行业和人都要有判断，需要具备综合的知识背景，也要有一定的运气。做投资如同当医生，看的病人多，才能看得明白，形成独到的判断能力。投资人需要有广阔的知识面和阅历，对各行各业有一个大概的判断；而创业人需要聚焦，要在一个点上做到极致，提供让大家满意的产品，这样才容易成功。

如何应对学业与创业之间的冲突

学生：选择创业是因为之前觉得有个为创业者提供服务的项目不错。但作为大龄未婚文科女博士，面临经济、生活、家庭、社会压力，该如何做呢？

吴志攀：这需要自己下定决心。我建议你征求父母意见，如果他们支持，就不要有顾虑，大胆尝试。婚姻绝对是自己的事，是否能找到合适的对象完全是自己的事，这方面很多婚恋网站的服务很完善，只是看能否找到投缘的人。再就是创业，如果父母允许你现在去做一些想做的事，能理解你的想法，能供给"饭票"，那就暂且让他们供着。

我和我女儿说:"你一辈子不就业都可以,你不断地读不同的博士学位,我都高兴。读一个法律的,再读一个艺术的,然后读一个历史的……像胡适先生读了三十多个博士学位。'万般皆下品,唯有读书高',要是愿意读书,我一定尽全力支持。"

杨岩:三百六十行,行行出状元。不一定非要创业,创业只是职业选择中的一种。我觉得各行各业只要做到最优秀,都是很有价值的,比如当一名教授、演员,都是很受人尊重的。不同职业之间真的没有可比性。

第一,创业一定要有比较优势,评估是否适合自己,自己是否具备能力、决心和条件等。愿意尝试是可以的,但我真的不鼓励所有人都去创业。第二,我觉得博士的比较优势不在创业,博士在一个领域里会钻研得比别人精,只有搞研究才有比较优势。博士如果创业的话,一定要放下博士头衔。第三,从我们现在的社会经验来看,一定要在合适的年龄做该做的事,越早越好,不做的话将来会付出更多的代价,包括找对象、成家、生孩子、创业。我觉得这些都不矛盾。

学生:我从大二开始和团队一起创业,今年又保送了文化产业专业的研究生。公司做创意设计、视频等,现在每年约有一二百万的利润,很多人劝我把公司做大,但是对于我来说,创业与学习之间产生了矛盾,每一边都不太舍得放手,但可能会遇到精力不足的问题。

杨岩：我提供一些建议作为参考，最终还是由你自己做决定。创业跟学历关系较小，如果你确实想把这件事做大，就全心全意搞创业，研究生都不需要上，因为将来还有机会，比如读 EMBA。就创业而言，我个人认为是越早越好。创业是个实践的过程，上学对创业没有什么太大帮助，包括比尔·盖茨在内的一些成功人士都是选择退学创业。但是，从人生角度出发，能在学校多待一段时间是很美好的。

吴志攀：在创业与学业之间可以根据自己的实际情况动态平衡选择，很灵活。

黄冠：如果你把创业当作兴趣的话，你可以像吴校长说的两者兼顾。但是如果要当作事业来看，就得像杨师兄那样豁得出去。

学生：其实我是把创业当作兴趣的。创业的初衷是想知道我们关于设计方面的理念、思想和北大给予我们的文化底蕴能够在多大程度上转化为生产力，想通过市场去证明自己的价值，但不是特别在意挣多少钱。我还是想尽量做到两者兼顾。

学生：吴老师，您是如何平衡学术成就和领导生涯的呢？刚才您也谈及，您还有许多优秀的学生。我认为个人的禀赋和精力毕竟有限，除了能者多劳外，您是否有更具体的体会和感悟？

吴志攀：我 1969 年下乡，1975—1978 年在工厂工作，

1978年考上北大。我考北大第一志愿报的是历史系，但分不够，因为法律比历史分数低一些，我就被调剂到法律系了。那时候法律专业特别冷门，但是学起法律来我感到很喜欢。我很用功地在学，等我毕业的时候就留校开始教学，后来学校让我当教研室主任、系主任助理、副系主任，让我干什么我就干什么，我不太在意自己去选择什么东西。

我自己生活比较丰富，不太在乎个人感受，让我做什么我都挺高兴的。现在才发现是因为过得比较单纯——没有离开过这个校园。有时看着别人挺辉煌，也有点自卑，因为没尝试过太多的东西。

今天我听到两句话，感到特别宽慰。一是"当教授，知识越多，心态越年轻"，我感觉自己确实越来越年轻了。另外一句是对教授说的表扬的话，我好多年都没有被表扬过了。

我认为我的学问做得并不是很成功，做行政工作从早八点到晚八点甚至晚九点，没有太多的时间做学问。我认为做学问也是很苦的，我做应用科学，必须要做大量的数据调研，需要很多的案例，得一点点读、一点点想，我的时间不允许。但好处是会拓宽接触面，通过知识交流，会听到许多过去在封闭状态下得不到的信息，这些信息带来的启发和提示会让人发现很多新的点。

另外还可以带硕博生的团队做项目，组织能力也会得到锻炼。学校不可能是行政命令式的，因为教授和学生的人格都很独立。现在我希望学生不要太单一地做事或生活，可以同时多做几件事，因为人的潜能非常大，不去压一下就不能被激发出来。我在考北大前考美院没有成功，之后我就不怎么画画了。后来有一年学生打篮球，我说："去买五件文化衫吧，我给你们每个人的文化衫上画一幅漫画。"我就在文化衫上手绘，学生非常高兴地说："您这个技能可以多用用。"现在我还帮很多企业家的书画插画，如孙陶然的《创业36条军规》要再版了，我帮他画了三十几幅图在书页里；我的一个朋友在西藏生活做了一些笔记，我帮他插了108幅画；法学院一位退休老师写了两本诗集，我也帮他插了二十多幅画，他特别喜欢，我就感觉我的技能很有用。所以自我乐趣如作诗、编曲、编舞、编剧都可以成为有用的技能。北大拥有活跃、自由的氛围，你们有自己的潜质，是金子总会发光的。

大学生创业：折腾总比不折腾强

学生：理工科学生应该如何调整知识结构，适应比较复杂的创新创业需求？

杨岩：从创业的角度看，重在实践，跟知识结构无关。我本科学的是天体物理，研究生学的是空间物理。但创业之后，数学用得最多的就是加减法，乘除都很少用，微积分更是没有发挥作用。我们所学的知识对研究来说远远不够，但对创业却绰绰有余。至于技术，和市场相去甚远。只有在建立壁垒时，技术才有用。在开始创业时，技术还不是生产力，能转化成商品的才是生产力。一定要面向市场，以市场为导向，弄清楚市场需要什么，需要什么就补什么。商业是在实践中摸索出来的，市场会教会你要学的东西。

学生：我想做传播国学的应用，但投资人说不是刚需，我很诧异。

杨岩：具体问题具体分析，既可以说是刚需，也可以说不是。对一般投资人而言，国学对大众不是刚需，因为它和日常生活相去甚远。对于投资人而言，互联网要关注注册数、激活数、活跃用户，互联网的最大价值是入口和聚焦效应。但换个角度，要把产品和生活的日常起居挂钩，只有使 App 成为人们生活的一部分，提供一种让人必须用、离开就难受的服务，才是刚需。

学生：前辈们都在强调"创业要实践"，要勇敢地迈出第一步。我的问题是：第一，大学生创业普遍不靠谱，没经验，没资源，没渠道，没有成熟的心智。所以能不能进行反向思考，即如何保障大学生创业能够靠谱？第二，现在的创业教育大都是理论上或经验上的分享，具有实际操作性的方法论很少。创业失败后，少部分人持续创业，更多的人可能会回归就业大军，叠加了就业压力。本想通过创业去解决就业，但可能背道而驰。大学生创业要想靠谱，有没有可以尝试的模式呢？

杨岩： 第一，虽然不是说创业就是你唯一的选择，但我们还是要鼓励大众创业、万众创新。对于人的一生来说，"浪费"一年又如何？所以，可以多实践。第二，创业形式是多种多样的，创业可以从创业辅导期开始。打个比方，去别人那儿做，看别人如何做，也是你自己创业经历的一部分。创业不是说一定要自己当老板，和别人合伙也是创业。当然创业者也得有领袖气质和人格魅力把大家聚到一起，如李彦宏，他创业时国家还没有号召。创业成功是小概率事件，创业成功与否和每个人的特质是有关系的。

学生： 非常同意师兄说的，不是所有人都适合创业，所以要筛选。有个概念叫"参与创业"，有两种模式：第一种是刚才师兄提及的，有些成形的项目，比如初创的企业和团队，可以参与进去，进行尝试和实验；第二种是刚才师兄说的有充分人格魅力的人可以跳出来去做的，我称它为"创业的0.1公里"。从一个想法到生产出最小的可行性产品，包括团队组建，这个过程可以让很多同学在实践的过程当中发现自己是否适合创业，从而避免走入误区，避免大家在自己不适合的事情上耗费时间。

杨岩： 在我看来，大学生创业重在实践，不见得这次一定要成功。有个师兄对A股市场上所有的创业板和中小板企业的董事长和主要创始人1000多人做了统计，发现人均创业三次以上，即每个人之前至少有两次失败的经历，可能最后才找到了一个机会,这是统计的规律。学生阶段重在实践,不是挣钱才叫创业,参加社团活动也是创业,也是对沟通能力、组织能力、交际能力等各项能力的锻炼。我认为美国教育体制里非常好的一点是,它们在录取学生时考核学生的综合能力。所以,在学校学习的阶段,要去均衡发展。在我们看来,只要参与就是成功。人生很长,从我们做投资的人的角度来说,我们最喜欢投资的人是25—35岁之间的,特别是30岁左右的,已经有了几年的工作经验,对公司的组织形式和市场等有了具体的认识,成功的概率就会更高。所以我对大学生创业的观点是,重在实践、重在折腾、重在闯,但是别太在意结果。折腾总比不折腾强。

学生: 我是法学院的学生。我觉得法学本身挺有魅力的,但为什么在创新这方面没有人做创业的尝试?

吴志攀: 这个问题很好,我对法学的了解稍微多一点。法学界的公司大都是面对机构服务的,法宝、法意这两个公司对接的是检察院、法院、司法部门、公安机关。现在司法的所有东西已经信息化,从立案开始填表就使用计算机,全国联网。最高法院的判决要向社会公布,所以要求非常高。但各地法院法官的年龄和经历参差不齐,其水平需要迅速提高。现在有软件帮助检查,提示判决书缺什么,什么地方不合适,什么地方逻辑有问题,帮助法官提高水平。一年1000多万个案件,文字是海量的,所以已经有了在法院系统应用的相关软件。还有一类是资讯类，把条件输进去，可以反馈该判的年限。虽然这看起来完全是机器逻辑跟法条的对比，但其实是根据全国此类案件的概率算出来的，比逻辑更有经验性。

学生：我来自法学院，做的是互联网法律研究。初衷是觉得优秀的法律服务价格太高，很多贫困的人无法享受，我想为他们提供服务；法律服务的流程比如文书的审查和签署等非常低效，我想通过互联网产品的方式去完善相关方面。但是我失败过很多次，最近才开发出产品。我想问一下，互联网法律是不是一个很好的方向？

吴志攀：这肯定是一个很好的方向。中国14亿人，每个人都会遇到财产问题、合同问题。无论买车、买房子，都要签合同。遇到一些必须要诉诸法律的纠纷时，都去法院是不现实的。过去有人因为一块钱的公共汽车票打官司到二审，学生普遍认为这是浪费纳税人的钱，但那个人表示"我就是个别的人，我就要求寻找公道"，最后那个人输了。这些事情要是能用计算机来解决，效率应该会得到提高，因此这肯定是一个发展的方向。但数据传输的量非常大。以后科技更发达，计算机调阅和处理视频、音像、文书可能非常普遍，公布以后全民的参与量是非常大的，这是个大热点。

吴志攀（前排居中）与学生、嘉宾合影

微语录

吴志攀教授部分：

※ 青年人创业并非新鲜事物，历来创业的主体都是青年。但是，互联网的普及构建了一个机会无限的大平台，使当代青年创业的门槛更低、空间更大。

※ 本届政府，特别是我们的校友李克强总理，对于创新创业的重视程度极高、扶持力度极大，体现了全新的经济发展思路。政府实施创新驱动发展战略的决心所在，也就是青年创业者的信心所在。

※ 海淀区政府把中关村最核心的区域拿出来搞"创业大街"，而不是修商业圈、卖写字楼，这就是一个

宁可不要税收，也要推动创业的好例子。

※ 改革开放几十年，使得多数中国家庭都积累了一定的财富。现在的很多年轻人，刚一出来创业，手里就能有几万元、几十万元的本钱，当然主要是靠家庭，这在我们年轻时是不可想象的。这也是今天青年人之所以有更多机会创业的一个基础。

※ 今天的大学生面临的压力很大，北大的学生虽然就业不愁，但要找到自己一生所热爱的事业却并非易事。房子、车子、户口、安全感等，大家的考虑我都能理解。但有一点，这个时代与过去不同了，社会的评价标准越来越多元化，大家无论选择什么样的路，大概都不用承受太多异样的眼光。只要愿意，你可以趁着年轻去尝试、去闯荡，甚至去冒险。

※ 同学们的未来有这么多的可能性，令人羡慕。我们这一代人完全不一样。比如说我吧，读完本科，老师希望我继续读书，于是就读到了博士毕业，毕业了留校教书，然后开始承担一定的行政工作。一直到现在，我每一次的"选择"其实都是被动的，师长、上级、组织替我做了决定。我的经历非常简单，但我相信同学们的未来会丰富多彩，你们应该拥有更广阔的天地。

※ 我因为行政工作比较重，所以没有太多时间去做学

问。做学问是乐趣无穷的事情，但这种乐趣来自艰辛，要苦读、苦思，还要真正行万里路，到第一线去调研。做学问不容许马虎、偷懒、走捷径。我觉得，不管大家未来做什么事情，北大给予大家的学术训练都是最重要的，这种训练会让大家受益一辈子。

※ 北大有自由的空气，这样的氛围环境实在难得。建议同学们在大学里，学习和生活都不要太单一，要努力发挥自己的潜能。人的潜能很大，有时需要逼一逼自己，才能把潜能激发出来。别只想着绩点、保研之类的，你们还可以做出更多了不起的事情。

※ 我年轻时考美术学院没有考上，后来几十年都不怎么画画了，只是看，只是心里默默喜欢。有一次，我在文化衫上给学生画画，送给他们，他们觉得很有意义。此后我的兴趣又来了，陆陆续续画了很多。虽然画得不好，但这激发了自己的潜能，我找到了很多快乐。你们如此年轻，一定有很多潜能自己都不知道，应该多去尝试。

※ 如今，"懒人经济"在迅猛发展，但我不希望大家当"懒人"。聪明人如果特别勤奋用功，那就不得了了。聪明人如果懒、散，放纵自己，就耽误了才华。

※ 同学们不要担心自己学的东西和市场不匹配，世界

那么大，市场也那么大，只要有真本事、真学问，不愁没有机会，是金子总会发光；并且我始终相信，读书是"第一等好事"，会读书的人，真正读书读通了的人，将来干什么都会成功。不能光是追着市场的风向，那可能导致肤浅、浮躁。只有根底扎实的人，才能在大风大浪中立得住。

地球物理系校友杨岩部分：

※ 我特别鼓励同学们上学期间多去尝试，创业是不断试错的过程。人成年后，智力的区别就不大了，创业能够做得好的，都是胆子大、有魄力、敢于迈出这一步的人。

※ 在学校，折腾比不折腾强。我之所以敢一毕业就创业，和大学期间的打工经验相关。我在读研究生时，通过打工兼职，积累了创业起步的经验、本钱和自信。

※ 创业最初组建团队时，最好找熟悉的人，这样沟通成本低；要找性格互补的人；团队内分工要明确。

※ 企业在市场上生存，归根结底是提供为大众所接受的产品或服务，为大众带来方便。要抓住大众的痛点，即其需求中最敏感的一部分，才能为大众所需要。

※ 创业的前提是你要找到市场上一个广泛的、高频的需求，所谓商业嗅觉就是有发现大众需求的敏锐直觉。

※ 新兴互联网行业能风起云涌地发展，是因为智能终端的出现。用户接受产品和服务的方式被线上的"入口"所取代。你能占据这个入口，你就成功了。

※ 从创业的角度看，创业重在实践，跟有多少知识无关。我们大学所学的知识，对于搞专业研究或许远远不够，但用来创业绰绰有余。

※ 投资人需要有广阔的知识面和丰富的阅历。做投资如同当医生，看的病人多，才能看得明白。而创业者需要聚焦，要在一个点上做到极致。

※ 不是所有的人都适合创业，一定要看自身的性格禀赋是否适合创业。我不鼓励所有人都创业。

※ 创业和学历没什么直接关系。就创业而言，我个人认为越早越好。但学习是生活的一种方式，从人生角度出发，能在学校多待一段时间是很美好的。

※ 学生创业重在实践，不在于挣钱的多少。成功人士在沟通能力、组织能力、交际能力上一定是与众不同的。大学生通过创业实践可以锻炼和提高自身的全面能力。

交叉学科的视野和科研实践

郑晓瑛

  郑晓瑛，北京大学博雅特聘教授，北京大学 APEC 健康科学研究院院长，国家杰出青年基金获得者，教育部长江学者特聘教授，享受国务院政府特殊津贴。两次担任科技部人口健康交叉学科领域"973"项目首席科学家。兼任 APEC 生命科学创新论坛执委会委员、联合国残疾统计华盛顿小组中国代表、中华预防医学会残疾预防与控制专业委员会主任委员、《国家残疾预防行动计划》专家组组长、中国老年学和老年医学会副会长、中国残疾人康复协会副理事长等社会职务。

平静明白地做人

快乐清楚地讲故事

曹文轩

交叉学科学习和实践

学生：您本科和研究生学的专业不一样，这两者之间跨度挺大的，您当时是怎么考虑的？

郑晓瑛：我本科是学习临床医学的，1978年入学时，正值国家改革开放，社会经济快速发展。我们本科毕业后，都需要有两年的工作经历才能考研究生。我毕业后从事临床工作的这段时间积累了很多基层工作经验和实践案例，有了更多书本之外的思考。为什么有些疾病在一个地区或一个家庭会聚集性发生？为什么专业书中的一些罕见病在某些地方却不少见？如果我们从个人层面向群体层面延展思考，可能就会发现这些表象背后一定有内在的规律。此后，我就有了做人群健康研究的愿望，这也促使我考入北大学习体质人类学。这样既可以发挥自己的临床医学专长，也可以对群体体质和健康的很多问题溯本求源。而跨入体质人类学专业的这一步，是我开始交叉学科学习与实践的关键转向，也使我接受了扩展学术视野的规范培训。从学科层面看，从医学到人类学是学科的跨越，但从学术研究的角度看，二者本质上还是互相补充和完善的。毕业后我进入人口学领域，继续发挥医学专长的同时，开始在人类学、历史人口学和现代人口学之间进行更加广泛和深入的交叉学科学习和实践。

扩展视野需要用心。每个人一生经历无数,如果只是享受了过程和结果——包括开心、痛苦、成功与失败,而没有让经过变成经验,就有点可惜了。应该用心琢磨、体验这些经历,使其转化为科研和人生的视野。反思过去的每一个选择,我只能说,所有的选择都是正确的,也十分珍贵,对我后续的人生发展起着非常重要的作用。设想如果我本科一毕业就马上读研,那我很可能会继续学习医学专业,也就没有了那段可贵的临床工作经历让我看到更大的社会,或许我就不会产生"交叉学科学习与实践"的灵感和眼界吧。这对我之后的教学、科研等方面的进步都起到至关重要的作用,从这一点看,应该感谢当时需要两年工作经历才能考研的政策。

进入人口学领域后,我感觉要学习的东西很多,始终都走在学习的路上。我国人口学具有鲜明的学科发展特色,既注重自身的学科特点,又根植于我国的国情。刚进入人口研究所的时候,计划生育是比较重要的研究内容,特别是生殖健康的研究。我自己重点做老年人口健康、残疾人口健康、妇幼健康和人口健康流行病学等研究,可以看出,所有这些研究都在关注人口健康。

全人口全生命周期的健康涉及的内容非常广泛,需要不同学科的理论和方法作为研究的支撑体系。从我们团队的师生来源就看得出这一点,我们的老师学科分布广泛,自然科学和社会科学背景的都有,学生更是如此,涉及数学、管理学、社会学、经济学、预防医学、护理学、体育学等诸多学科，咱们学校体育教研部就有不少师生来人口所读博或进修。全人口全生命周期所涉及的健康内容都和人口学有关，而人口学的交叉视角对研究人口健康也有独特的优势。我在从自然科学到社会科学的交叉学科学习中，不仅仅学到了专业知识，更多的是扩展了科学研究的视野，因此分析问题的思路和方法就更加多元，这对解决问题很有益处。我们的团队也做出了很多有意义的工作成果，这无疑得益于交叉学科的视野。可以这样理解，视野也是一种能力。生活在信息时代，体验机会增多，信息渠道宽阔，依附课堂学习的模式改变，自主思考的空间变大。基于这些时代的独特性，将个人积累提炼升华，才能逐渐养成观察并认识某个领域的能力，进而获得新视野。经历、见识不一定都能成为视野，只有将其提炼形成新认识或新观点，才会有高瞻远瞩之感。将视野融入我们的学习、生活、工作和人生，内心会更加明亮、通透，这是特别快乐的事情。

自 2001 年开始的十多年里，我和团队一直在做科技部"973"项目，先后两个项目都涉及出生缺陷交叉学科研究，这和我曾经做的临床工作内容有密切的关系。记得我代表团队做项目答辩时，紧紧扣住了两方面的内容：一是出生缺陷不仅包括人类自身的健康问题，还包含生存环境的问题，出生缺陷发生也是反映人类生存条件的重要指标和信号，因此不仅需要关注人类自身的健康，还必须对生存环境加以特别关注。二是应该有一个新的模式来研究出生缺陷预防的问题,临床医学、生命科学等学科的研究是非常基础、非常关键的,但环境科学、社会管理、卫生经济等更多的学科"宽视野"也同样重要。基于上述原因,我们组建了交叉学科团队。我们的两个"973"项目持续了十多年,发现了很多出生缺陷发生在医学、生命科学、环境毒理学、地质学、社会科学等方面的风险,为出生缺陷的预防提供了诸多科学证据,也为新的预防模式找到了线索和依据。大家的专业不同,合作的过程就是互相学习的过程,就是交叉学科视野扩展的过程,更是交叉学科知识的碰撞、交融和创新的过程。当然,要立足于自己的学有所长专业,重视提炼经历和体验中的哲理和本质,能够聚焦本质问题。无论是大的科研项目,还是生活小事,各种经历都是有意义的,关键是如何思考和提炼,即便是做饭也充满了统筹和博弈的哲理。经历了这段交叉学科学习和工作之后,我更坚定地认为,要学好专业,打好基础,也要广泛学习先进的知识,这对做教育工作尤为重要。

学生:从人口学的角度来说,咱们的国家和民族将来会不会长久存续?很久以后,会有一些好的基因流失吗,或者会有一些我们不希望出现的基因出现吗?

郑晓瑛:第一,从人口学的角度看,无论是中国这个国家,还是我们优秀的中华民族,当然会生生不息并繁荣发展。第二个问题是基因层面的内容。在人类发展的历史长河中，基因是会有变化的。对于任何一个群体而言，在时间跨度足够长的情况下，基因发生变化是非常正常的。在环境变迁、生态转变、生活方式变化等因素的共同作用下，基因和环境交互作用，可能还会产生一些病理变异或突变从而引发某种疾病，这种变异甚至会保留、延续相当长的时间。这里说一下有关环境的问题，环境污染已经引起了国家的高度重视，它带给人类的影响非常复杂，环境污染对健康存在负面影响是肯定的。如我们前面说的出生缺陷，就是环境和遗传共同作用的结果。保护环境，可以避免很多疾病，也可以预防很多由环境所致的基因突变给人口健康造成的威胁。

学生：您已经发表了上百篇文章，很多都是在顶级期刊上发表的，您能不能传授一下秘诀？

郑晓瑛：发表文章其实没什么秘诀，对我来说，做科研是兴趣，发表文章只是分享科研的阶段性成果。如果想真正做好科研工作，而不是为了发表文章而做科研的话，就要认真地提高发现真正科学问题的能力。同学们也经常问我：应该如何去发现问题呢？在我的科研中，发现问题有两层含义：一是发现目前未知的问题，二是发现已知但没有很好地分析或解决的问题。这两类问题都很重要。无论是哪类问题的发现，都需要有足够的专业知识储备和相关学科理论方法的支持。这就要求我们，从选择做科研的那一刻开始，终身都要不断地学习储备和加强训练。从文献收集、阅读、理解、总结、辨析等开始，在前人工作的基础上，不断加强自身的科研能力。

文献不仅要读得多，还要读得精。在研究生学习阶段，要认真完成精读的训练。我们读文献，是为了理解其他专家学者对这类问题研究的思路，并学习如何选用研究方法和路径，最后如何得出结论。此外，我们对这些已知问题的研究，不要完全重复别人的研究方法和步骤，而是应该不断探索那些对问题起到至关重要影响的核心要点，特别是牵制性的问题。所以要拓宽文献的阅读范围，拓展阅读至广泛的其他相关领域的文献。同学们一开始常会陷入误区，要研究什么问题，在查找文献时就输入什么关键词，这样就不全面了。我一直强调研究问题要有多元视角、多个层面，要细分变量内涵，这就需要有更多学科的知识。我们要研究问题的关键节点以实现新的突破，而不仅仅是重复别人的研究。做研究只关注表面变量是不够的，需要深入系统地研判一组变量，尝试不断分解变量的含义，并重新组合变量以形成新的数据结构，这也是在数据处理、挖掘时应具备的意识。一次做不好，就反复探索，科研就是在否定和肯定自己的研究结果中交错推进、螺旋上升的。

做科研非常有趣，做出有价值的内容后，自己也非常想和学界分享，想得到更多学者的关注和参与，这或许是科研人员的共同愿望。因此就要发表自己团队的科研成果。我对发表SCI也有自己的看法。发表文章不能作为评价学者和学生的唯一标准，也就是说，不能仅聚焦于发表文章的数量，还要衡量科研成果转化的程度、社会意义、科学意义等。就人口健康领域而言，还要衡量研究成果对人口健康促进的作用和对疾病风险控制的贡献等。还有一点，我认为每发表一篇SCI文章，都相当于接受一次严格的考验，发表过程中我们能获得来自优秀学者或正在关注该类问题的学者的提问、质疑和评价，发表文章本身就是学习的过程。有的文章被多次拒稿，我们就是在进行多次学习，特别是针对有些评阅人提出的问题，必须要学习新的理论方法才能解决。我很享受回答评阅人问题的过程，这些问题实质上是拓宽自己视野的灯塔和方向。另外，我感觉发表SCI是大家在同样的评价环境中，不靠身份地位去审视科研成果，所有人在一个公平的环境里竞争。对于在读学生来说，发表文章是目前的毕业要求之一。我特别建议学生们多参加学科讨论会，即便是其他专业和领域的，其思维方法和研究路径也都有很多可取之处，这些往往是在书本和课堂上不容易学到的。我们人口健康方向的组会，不仅有同方向的同学参加，也有其他方向的同学参加，甚至还有其他院系的师生参加。

我们要珍惜学校的学习时光，学校、院系的所有老师和同学都是我们的老师。我每年在开学典礼上都重复一句话：所有的老师都是学生的老师，所有的同学都是我们的学生。尽管你能选择的导师是有限的，只能是一位或两位，但可向其学习的老师是无限的。你可以把所有老师当成自己的导师,老师们都非常希望能和学生们一起进步。老师们每年都高兴但不舍地送走一批学生,开心并温暖地迎接一批新的学生。和每一个学生的这场人生缘分,都是我们珍贵的人生经历,也是我们不断进步的动力和源泉。

学生:我自己是通过应试教育一步一步考到北大的,所以总有一种很强的寻找正确答案的意识和需求,对我来说,正确答案就像权威一样存在着。我觉得自己的批判性思维始终没有建立起来,不知怎样才能够不迷信权威,能够拥有自己的思想,有自己批判性的思考。

郑晓瑛:应试教育的体制本身就很具有权威性,培养出的学生很严谨,愿意去寻找和尊重正确答案是没有错的。但如果相信所谓的名人和权威就不一定无误了,不能排除有些"权威认识"是学术和权力结合的可能。我们不用"批判"这样激烈的语言,可以用挑战性、探讨性的方式对权威理论和观点进行思考。如果你的挑战不成立,你就需要去学习和补充你的知识,增长了见识、扩展了视野以后,可以再一次发起更加理性的、有意义的挑战。采取正确、有根据的方式去探讨权威内容能够高效率地促进自己的认知进步,这要求我们从不同的视角去分析问题、研判问题。

有时在组会上,我也经常被学生们批判。每个同学都有挑战老师的责任和义务,否则学术怎么进步呢?这是进步的动力。因为必须正面接受挑战,同时希望能给出正确的答案,老师也要不断地学习,才能迎接这些挑战。我的视野拓展，很多也是得益于学生的帮助和激励，基于这样的机会，我学习到很多人口学以外的知识。所以说，交叉学科的学习是拓宽视野的有效路径，且能够提高工作和学习的效率。

拓宽学术视野，厚积认知底蕴

学生：如何获得广阔的学术视野和丰富的体验，并从中得到提升？

郑晓瑛：学术视野的拓展是循序渐进的过程，需要多读书、精读书，还需要不断参与实际研究和社会实践。我们读了很多年的书，到研究生阶段应该更好地把所学的理论和方法运用到实际研究中，继而不断发现问题和自己的不足，这就推动着我们持续学习。在研究中学习和过去的学习有很大不同，这种学习不仅限定于课堂听讲或学习本专业的知识，在研究中学习是带着问题学，为了探索问题的解决办法去学习，学习更加广泛的相关理论方法，也能不断提炼和总结以问题为导向的所学内容的精华。人口学专业的学生来自很多学科，在课堂上我常邀请不同学科背景的学生用最简洁通俗的语言概述他们的专业，以训练其提炼总结的能力。说到拓宽视野，其实就是前面说的两种学习方式的结合，课堂上的知识要学扎实，实践中的知识要学得有条理，不断进行多领域学习并提炼总结，缺一不可。否则的话，学得很多，却不知道如何学以致用，这就是因为学习过于广泛分散，且不注意抓住学科本质与核心。我特别强调拓宽学科视野要与社会实践相结合，就是体会到了实践是交叉学科学习非常重要的方式，实践中的学习对拓宽视野有着不可替代的作用。

总结而言，我们学习和总结得越多，视野就越开阔，体验和实践得越多，思考就越深刻，其结果就是自己的所想、所干和所成形成了系统。在科研工作中，如果就限定在自己学过的专业知识里，也能较好地完成既定目标；但在你的视野更宽阔后，就会发现原来的工作还有很大的提升空间，还可以做得更好，这才是真正的效率。我们在前进的路上，不要说"我不会做或我不能做"，因为我们经常会低估自己的潜能。不断学习和拓宽视野会帮助我们了解和激发自己的真实潜能，学者都是在敢于接受挑战的过程中变得更加优秀。

学术视野需兼具宽度和高度。视野的宽度让我们的眼界更宽阔，视野的高度在科研中也至关重要。我们读过的书，如果是一本好书，读后会了解很多从前不明白的知识，使自己对这方面的认识达到新的高度，这就是一次醍醐灌顶的体验。视野的高度让我们的研究更加高瞻远瞩，对问题的认识和理解更加全面透彻，从而决定了更好地处理问题的路径。我们团队一直在做残疾防控的研究，当深入研究这个问题并融入残疾人群体时，心灵得到了净化，这对加强学术研究能力是最好的训练。残疾人心中的那种坚强和执着是一种特殊的力量，他们不仅仅学习书本的内容，更多的是在社会这所大学中学习。他们用不同的方式展现他们视野的宽度和高度，继而融入社会发展，发挥了重要的作用。这让我们感受到，人的生活状态可以不同，残疾人群体更多、更强烈地体现出他们贡献社会发展的力量。无论做残疾研究，还是和残疾人相处，都是能让人视野更加宽阔的宝贵经历，是书本上学不到的体验。没有说教，胜于说教，这种特殊的体验最后会升华到社会责任和担当的高度。这是融合课堂和社会最好的交叉学习，无疑令人坚信，视野能够变成真正伴随人一生的需求和能力。

学生：我是医学部本科一年级的学生。我从高二开始，每过半年回看过去的自己，都感觉"三观"重整刷新了。请问您是怎么看待这个问题的？我们该怎样调整信息源来审视自己已有的信念，并且做出一些突破？

郑晓瑛：生活在这样的时代是幸运的。经常自省无疑会让人生变得更加有意义。我小时候生活在一个很封闭的环境里，每天能学到的知识非常有限，缺乏自省。可以这样说，我们这一代人成长的早期都是"被自省"，都是在父母特殊的教育方式下慢慢反思醒悟了一些道理。而你们现在的学习方式发生了变化，不仅靠课堂学习，还通过互联网获取大量信息，评价自己和他人的标准更加丰富、理性、有高度，这样的自省就是你的视野更宽阔的表现，也是你的人生更具正向效率的外显。可以说，自省就是提高，通过丰富的学习，自己有能力做自己的老师了。"三观"的反省、学业的反省、工作的反省、人生的反省,很多方面的反省都是深刻的学习体验,也是将体悟落实到行动中的最好实践。

如何主动地去寻找那种有意义的经历?学术就是其中一条路。在学术研究和学科教育中,我们融入了很多自己的经历,这其实也是一种学科交叉。同一个知识点的讲授,同一个问题的研究,都会融进不同学者的所学所知。无论我们将来会不会做交叉学科的研究,会不会成为一个杰出的科学家,学科交叉式的学习和研究都能深刻改变我们的一生,它不仅表示多学习一些其他学科的知识,更能够增强重新认识并提炼升华一切事物的力量。

我认为交叉学科的学习和应用也是科学自我反省和实现人生突破的一种模式。在现在的信息时代,机会对每一个人的发展而言更加重要。过去如果我比别人多读一本书,我立刻就比村子里其他人知道得多了,但是现在这本书大家都在读,大家都是平等的,机会就显得更难得了。因此,主动去发现一些有意义的经历变得更为重要。脑子里面的东西多了,判断问题的能力就会增强,信息的取舍就有了依据。我们有幸生活在这个物质富足、信息富足的时代,因此更要强化知识储备,通过科学的自我反省树立正确的"三观",这是人生所有内容的基础。同时,发现研究突破口,继而为这个世界做出贡献,是我们的根本发展目标,是我们实现人生价值的重要途径,也是人生的快乐源泉。

高效深入地学习，快乐通透地活着

学生：我觉得我在学习上是一个很没有效率的人。比如说，我要做一项关于老年人健康的社会研究，但研究的东西越来越多，滚雪球似的，以至于研究战线越拉越长，我发现收获的反而越来越少，都不知道最初想干什么了。所以我想向老师请教学习方法，如何才能提高研究效率？

郑晓瑛：研究效率既指时间效率，也包括结果效率，二者互为因果。前者比较好理解，后者则是指研究结果有突破、有发现、有创新，有新的视角、新的启示，而不是人云亦云，重复别人的研究内容。认为自己没有效率的人，一般都是比较有效率的人，因为你在做这项研究前是有预期计划的，未按计划完成，时间效率似乎降低了，但实际上你在不断学习，不断积累，获得了更多的交叉理论和知识，已经超出了原来既定的学习范围，并融合到你的目标中，是更高水平的同向同行了。我也会遇到过这种情况，特别是面对自己比较熟悉的领域和内容，当自己不满足于原有的研究能力所做的工作时，我会去看更多文献，去挑战用不同的方法验证一些观点，后来我感觉自己初始的计划已经有些模糊了，应该有较好的更新方案。这个时候，我往往是停下来，重新调整研究计划、修改研究大纲和研究方案。当再次审视这个非常熟悉的研究内容时，你会发现更多的新问题和新挑战,非常有趣。要做好一项研究工作,这个过程可能要反复多次,每次都有新的知识交叉融入原有计划。表面上看起来时间延长了,但这种延长找到了更多的支持方法或观点,使得后面的研究结果更有创新意义,这实际上提高了研究的结果效率。我们最为担心的并非你说的这种,而是工作拖延,收集和学习的东西越来越多,真正理解提炼的东西不足,能用于自己开阔研究思路的内容没有找到,这样的工作拖延就是简单地熬时间,这才是真正缺乏时间效率,又何谈结果效率?

  提高时间效率的本质,我认为是学术研究的管理。你们在进入研究生阶段的学习后,要看的文献很多,建议你们从现在开始就做好文献管理和科研管理。收集到的文献在存储后应该根据研究方向做分类小结。比如老年学研究,内容非常丰富,而且分支的方向也越来越多,每做一个方向的研究,就会收集到一批这方面的文献,需要分门别类列出子目录,并加上子目录的总结。当你以后做的研究越来越多,这些就成了非常系统的研究财富。到了一定时候,通过大量的文献收集、阅读、提炼、总结,你会发现自己学习的知识越来越深入、系统、广泛,自己已经具有了交叉学科的视野。不断分类和总结自己查阅的文献,是提升科研效率的重要环节。尽管有时候你的总结只有半页纸,但你对这类文献的观点和方法已经有了自己的辨析,有了充分的取舍理由,每个小综述都是精读的成果。当你读得更多，理解得更深刻，视野不断拓展，你就可以做一篇非常有水平的该领域或该方向的交叉学科的文献综述了。如果你将来做教育工作，把自己的积累和学生们分享，对学生们的学习也是一种事半功倍的帮助。这里也想和同学们说一下，在科研道路上，有成功有失败，不必太介意顺利和失意。人生也是如此。反倒是痛苦和失败更能历练性格、使人成熟。尽管这种成熟的过程比较艰难，也会出现阶段性的负面作用，甚至让人增加保守性，但最终还是会变成丰富人生的营养。

学生：您的学术背景是自然科学与社会科学的交叉，您是怎样把自然科学和社会科学融会贯通，更加有效率地投入研究工作的？

郑晓瑛：自然科学和社会科学表面上看分为两个学界，但其本质都是科学，自然科学和社会科学对认识世界、研究问题、探索解决途径具有同等重要的地位。自然科学与社会科学的理论知识和技能方法的融会贯通往往是在带着问题去探索和学习中实现的。我们会根据研究问题的需求，不断地寻找更多的我们自己专业之外的理论方法作为解决问题的办法。我鼓励学生们多读一些人文专业之外的书籍。在学位教育的体系内，如果你是学自然科学的，就要多读一些人文社会科学的书，给自己定下一个读书目标，比如一个月至少看一本，增强人文底蕴对于学习任何学科都是十分必要的。学人文社科的同学知识丰富，文字功底都很好，但也应该学习一些自然科学的知识，学习其通过假设、实验、验证得出结论的研究方法，以及严谨的逻辑思维和推理能力。此外，还要养成撰写读书小结的习惯，无须长篇大论，只需把其中最经典的内容表达出来即可。这是一个琢磨、理解、融会贯通的过程。

有效率的工作除了规划和把握好时间外，还需要更丰富的知识和更强的能力作为支撑，否则将事倍功半。因此我们需要将方法融入实践，在历练中丰富知识、拓宽视野、完善思维、反思不足，继而实现螺旋式的提升。

学生：您是从临床医学转到人口学的博士，跨度特别大。我将来也想读博士，但是面临父母的质疑，我也担心读了两三年后发现自己研究的这个问题不是那么有趣，因此比较纠结。我想请教您对女博士的看法，女生应不应该花五六年时间，特别是在二十五六岁这个年纪，去读博士？

郑晓瑛：你的这个问题，本质上是一个性别视角的问题。实际上你纠结的是女生是否有读博士的需要。人们经常会跟我问及和讨论这个话题。其实不只是女生，所有的学生都会有这样那样的纠结。当今的年轻人，学习渠道充分，掌握的知识也丰富，有可能就会考虑更多。实际上，无论是男生还是女生，考虑更多和纠结都无可厚非，但不要背离自己的初心。喜欢读书，喜欢自己的专业，那就去读。如果不喜欢做某件事，即便父母没有质疑，也可以重新选择。作为女性，我选择做科研和教学还是很愉快的，在这个过程中,女性要平衡事业、家庭、生活和个人兴趣,的确会遇到更多困难,走很多艰辛的路,但都是能克服的。女性成为优秀科学家需要比男性历练更多,女性更具有尝试不同事物的热情与能力,且在实际操作中更有毅力、更坚韧。人这一辈子,无论活多长,生命终究还是有限的。多做点,多学点,人会活得更有意思。

我自己不是太爱纠结的人,一般是想好了干什么,就和大家一起干,失败了就再调整,学习提高后,继续往前走。回过头来看看走过的路,很高兴能有这些历练和体验。在团队里,与老师和同学们共同奋斗,共同面对困难,是生活中多珍贵的东西呀!女生在30岁左右完成博士学习,年龄还算不上大。如果能平衡好学习和生活,特别是能够得到自己未来伴侣的支持,人生非会常精彩。

把无奈的事情做到极致

郑晓瑛:我们从懂事上学开始,就对未来有美好的憧憬。选择和放弃,努力和失望,间有发生。这是一种进步和成长,人会在其中收获更多的经验和教训,这是成功和幸福的资本。当我们年轻时,我们有很多理由去选择不同的机会,但不能不停地选择,要对自己的选择负责,要有放弃选择的正确理由。特别是参加工作以后,有可能你对自己的选择已不如当初那样有激情,甚至感到很无奈。我会在心里提醒自己，努力坚持把无奈的事情做好，做成兴趣，做到极致。慢慢地，可以认识得到自己的无奈是否有道理：要是没有能力胜任，那就要学习；要是厌倦工作的烦劳，那就要克服，要更加努力克服不踏实的作风。否则，新的选择不能改变既往的倦怠。有时候我会和毕业了几年的学生讨论这个问题，对现在工作的无奈不一定就代表它真的不适合自己，更多的时候是自己的胜任能力还不够，或自己的眼界太窄，从而不能清楚地认识这份工作。作为学生也是这样的，我们也要好好审视一下自己对学习和科研动力不足时有发生的情况。做好梳理，才能有更好的判断和抉择。与无奈的事情共生是必然，但与无奈的过程共存是智慧。因此需要努力学习，努力拓展自己的视野，当自己的眼界宽阔了，就会发现很多让你感到无奈的事原来只是阶段性的困难。把无奈的事情做到极致，其结果就是能把事情做成。

  我没有更多的经验来总结自己的工作，唯有在自己的能力范围内，多做些努力。在人生的道路上时刻遵从干净、清楚的原则：干净做事，清楚为人，快乐、明白地对待困难。这是我发自内心的感想，今后也将谨记，争取一生如此。

郑晓瑛与学生交流

微语录

※ 扩展视野需要用心。每个人一生经历无数,如果只是享受了过程和结果——包括开心、痛苦、成功与失败,而没有让经过变成经验,就有点可惜了。应该用心琢磨、体验这些经历,使其转化为科研和人生的视野。

※ 视野也是一种能力。生活在信息时代,体验机会增多,信息渠道宽阔,依附课堂学习的模式改变,自主思考的空间变大。基于这些时代的独特性,将个人积累提炼升华,才能逐渐养成观察并认识某个领域的能力,进而获得新视野。经历、见识不一定都能成为视野,只有将其提炼形成新认识或新观点,

才会有高瞻远瞩之感。将视野融入我们的学习、生活、工作和人生，内心会更加明亮、通透，这是特别快乐的事情。

※ 出生缺陷不仅包括人类自身的健康问题，还包含生存环境的问题，出生缺陷发生也是反映人类生存条件的重要指标和信号，因此不仅需要关注人类自身的健康，还必须对生存环境加以特别关注。

※ 要立足于自己的学有所长专业，重视提炼经历和体验中的哲理和本质，能够聚焦本质问题。无论是大的科研项目，还是生活小事，各种经历都是有意义的，关键是如何思考和提炼，即便是做饭也充满了统筹和博弈的哲理。

※ 发表一篇 SCI 文章，相当于接受一次严格的考验，发表过程中我们能获得来自优秀学者或正在关注该类问题的学者的提问、质疑和评价，发表文章本身就是学习的过程。

※ 我们可以用挑战性、探讨性的方式对权威理论和观点进行思考。如果你的挑战不成立，你就需要去学习和补充你的知识，增长了见识、扩展了视野以后，可以再一次发起更加理性的、有意义的挑战。

※ 通过科学的自我反省树立正确的"三观"，这是人生所有内容的基础。

※ 在科研道路上，不必太介意顺利和失意。人生也是如此。反倒是痛苦和失败更能历练性格、使人成熟。尽管这种成熟的过程比较艰难，也会出现阶段性的负面作用，甚至让人增加保守性，但最终还是会变成丰富人生的营养。

※ 我鼓励学生们多读一些本专业之外的书籍。学人文社会科学的同学，应该学习一些自然科学的知识，锻炼自己的思维逻辑；而学自然科学的同学，也要多阅读人文社科的经典著作，增强人文底蕴对于学习任何学科都是十分必要的。

※ 女性成为优秀科学家需要比男性历练更多，女性更具有尝试不同事物的热情与能力，且在实际操作中更有毅力、更坚韧。

※ 与无奈的事情共生是必然，但与无奈的过程共存是智慧。把无奈的事情做到极致，其结果就是能把事情做成。

真理与创造力

朱青生

朱青生,北京大学历史学系教授,艺术史研究室主任。主要研究领域为汉画和中国当代艺术。主持"中国现代艺术档案",主编《中国当代艺术年鉴》,策划"中国当代艺术年鉴展"。长期主持《汉画总录》相关工作,主编《中国汉画研究》。在担任国际艺术史学会主席期间,领导国际艺术史界联合建立全球图像链接系统,同时推进世界艺术史研究理论与方法的总结与更新。著有《没有人是艺术家,也没有人不是艺术家》《将军门神起源研究——论误解与成形》《十九札:一个北大教授给学生的信》《中国当代艺术导论十三种》等。

真理与创造力是现代人自我选择的结果。

真理与创造力: 永远保持开放与自由

朱青生:我先说说为什么要选择这个题目。过去我们都认为,在大学里要做的事情就是追求真理,但追求真理是科学的目标,并不是一切学术活动的目标,况且对于信仰不同的人来说,其所认定的真理指向可能并不一样。人与人之间的差异使得思想问题是绝对不可能统一的,也不应该被任何其他的思想所限制和压制。我们对别人的理解应该建立和保持在对别人的尊重之上,不要干预、探测和介入别人的信仰系统,保持自己对他者的无知。这就形成了人与人之间真正的、有适当距离的和谐。有了距离,我们保持了对自己的克制,才会有共存的余地。这是我们所说的真理问题中的"不理解原则"。

今天,由于科学技术的发展,思想昌明,人已经被异化了。被什么异化了呢?第一是思想,即观念和信仰的解释系统。人从出生就开始接受很多教育、引导或影响,影响有时候是无形的,把我们带上了一个思想的轨道。比如生在一个宗教社会,你还没来得及选择,就已经被规定了只能如何思考和认识。这就是我们所遇到的一种异化,我们已经被教育、培养和规训,进入了另外一个被规定或者限制的状态。第二个就是知识。这个事情更加复杂,我们过去都以为知识就是真理,学知识总是好的。其实任何好的事情里边都包含着隐患，知识也附带其悖论——未知和无知的悖论。我们学多了知识，也许就会有两样东西让我们陷入这样的隐患。其一，不是真的为了摆脱愚昧、追求认知建立的知识，而是作为权力的结果的知识。这个观点的揭示要感谢一位叫福柯的著名思想家，他对知识是怎么建造起来的"谱系学"做了一个解释。我们如果仔细地拨开知识的形成过程，就会发现某些知识的形成并不是真的为了摆脱愚昧，可能是各种势力较量、妥协和造作的结果。知识形成的过程充满权术，从这个意义上说，知识是被人的意志、愿望、贪念、情欲调节和设置的一份记录。这已经让我们感觉相当震惊和危险。其二，更为根本的是，我们以为我们认识的东西可以把我们带向正确的方向，但是人类的知识或者科学有个原则，即它永远是一个不断证伪的过程。也就是说，在任何一个阶段，我们今天的知识可能是错的，但是我们的行为却要遵守这样的规定。这可能意味着知识本身就包含着对我们的异化。我们不禁要问自己：思想和知识会对我们的生活产生什么样的影响？

我们要记住在提任何问题时所产生的那种根本的怀疑。最可贵的就是一直保持质疑的精神。从根本上来说，这种质疑就是创造力。创造力可以打破一切理念和知识对我们现有的局限和限制，不停地让我们站在一个突破和超越的立场上，从而使我们保持不断开放和永远自由的状态。独立是创造力的前提，它让你保持一种批判性，而且从不停息。所有的一切都值得质疑,都值得反省,都值得批判,这种不断批判的能力就是我所说的创造力。创造力并不是说我顺着原来已有的东西,发现它不对后做些改进,做出来一个新的东西,这只是低级创新,只针对专业上的问题。我现在讲的创造力是指人的价值的创造力,是和已有的"真理"处在同样一个价值等级上的创造力。

创造与批判:审时而易与持久而行

学生:创造力的培养和批判性的质疑意识是不是一样的东西?

朱青生:对。首先要有质疑精神,才会有创造力。如果你觉得所有东西都是理所当然的、可以接受的,那么你就会处在一个被动的状态,创造力就不容易被激发。当然,创造力也未必一定要剑拔弩张,温柔敦厚照样可以有很好的创造力。

学生:据说20世纪80年代是一个批判之风盛行的年代,您觉得从80年代到现在,北大学生的创造力水平是变高还是变低了呢?

朱青生:我觉得跟学生没什么关系,现在的学生跟80年代的学生是一样的,只是遭遇改变时,关注点不一样。那时候的学生比较关心政治性的世界,现在的学生更关心个体的发展。我认为,中国恰恰要通过自我意识的觉醒才能有更大的创新。只是不要把自我意识的觉醒目标仅放在对个人或者对自己的家庭有利的一面上，而是要对人类的所有成员有利，这本身就是一种发展。

我一开始提出来的其实是对于真理的"信仰"，实际上我们并不能把怀有这一种信仰就看成是理所当然的道德优先性。从当下来看，一个真实的、对社会有价值的人应该是审时度势的，这是《易经》里讲的。发现整个社会或是自然界中不正当的压迫和特权，在哪些地方需要我们去建造平等来维持它的一种新的和谐，我们就应该加入这个追求平等的过程。如果过分的平等形成普遍的平庸并造成对积极和创新的钳制，那么此时就需要人的突破和创造，就要加入自由的抗争和开拓。

至于我们自己是信仰自由主义还是信仰社群主义，我觉得个人的选择无可厚非，但最重要的是，我们要知道在什么时候选择哪一种才是最有意义的。如果这种选择仅仅是对自己个人有利，这就是儒家所说的"小人"，就是投机分子，就是"精致的利己主义者"；如果是对人类共同的事业有利，而你牺牲和奉献了自己的话，那你就是一个儒家所说的"君子"。君子的任务并不是一旦选择就永远停在那里固执于自己的选择，而是不断地选择、不断地努力，这个过程就是"自强不息"。自强，即自己选择、自己决定、自我奉献，不受其他人的限制和裹挟，同时永不停息。你做出了一个选择，然而可能就在你选择完成的瞬间又需要重新做出选择。在我看来，当代青年学生判断的能力、审时度势的智慧、不间断的行动能力和奉献精神与 80 年代的大学生是一样的，只是机遇和形态随时间在演变。

真理与思想：为独立的选择权利负责

学生：朱老师您好！您刚才谈到了真理与思想的问题。我有个困惑：真理与思想的界限是什么？

朱青生：我认为真理是每个人信仰的终极目标。有人相信科学就是真理，它是信仰的一种方式，是用理性的方法通过验证得出正确的结论，他认为这就叫真理。这个真理其实比较符合今天我们大学的宗旨，即"truth"。"truth"就是"真"，对人类来说并非"正确"和"正当"。如果是一个新闻工作者，他的真理指的就是真相。真相的导向未必正确，但是它是一个事实，他把事实就叫作真理，事实未必"正确"和"正当"。每个人所说的真理可能是不一样的。德语中的真理（Wahrheit）是一种符合事实的状态。可以把符合事实的状态看成是一个数字的状态，甚至是康德所说的道德的自律性，这些都可以被看成是真理。而道德的自律性就和康德之前的宗教精神有了很大的区别，宗教精神认为上帝就是真理。我们会发现，从历史上来看，从不同的文化来看，真理对于不同的人来说，各有不同。

学生：那怎样才叫真理？

朱青生：所以有人就说，原来真理是不存在的，真理只不过是你认为的真理。由此我们会发现20世纪60年代以后，在哲学上出现了"阐释学"（hermeneutics）的发展，阐释学最重要的是人如何理解与解释。同一个真理在不同的时代，不同文化的人是怎么把它解释成其所认为的真理的。在阐释学出现以后，人类的哲学和认识论有了大的飞跃。也就是说，真理最终是什么，其实我们不知道，或者知道了它也是不停在变的，而真理本身就被人不停地解释着。解释者是谁呢？这个时候就出现了存在主义的态度（我这里指的是态度，不是指存在主义的方法）。存在主义的态度就是你活得怎么样，你就必然会把对象（包括真理）解释成什么样。从根本上来说，还是你的存在决定了你的意识。简单地说，我们认为什么是真理，其实跟我现在的需要有关系。这就是我们所看到的对真理的解释。

关于思想，我认为每个人在精神上都有一个因其生存的实际状况、文化的独特位置所产生的动机，那么在动机的促进、鼓动之下，个体会选择一个目标作为自己精神的追求。这个目标可以比较小，比如说我自己有一个短期的目标，在北京大学建立一个艺术史系进行视觉与图像（形相学）研究。但是我也会有一个很大的目标，比如我认为世界的本质是一个"无有存在"，我还为此创造了一个字，就是在"在"字上面加一横"𠃌"，这个字读"wai"（四声，音同"外"）。这个字是"无"和"在"两个字音的反切。我认为这个东西是一个挂悬的空无,据此就可以生发出这个世界的万事万物。这是我个人的想法。对于另外一个人来说,比如对于柏拉图来说,他就会说他有一个"*eidos*"(形式)[后来翻译成英文的"idea"(理念)]作为最本质的东西。其实"idea"这个词,意思就是个人动机中的观察和显像。

人们在自我的动机和目标之间连一条线把它全部解释清楚,这就叫思想。这和你选择一个目标,然后从你的动机出发来连线是一样的。这就是我对"思想"的解释。

刚才你的问题是真理和思想有什么关系,我认为任何真理都是一个个体所选择的目标直至终极目标,思想是在目标和自身动机之间的这一根连线,这一条道路就叫"道"。每个人有自己的道路,但事实上每个个体做不到出自本心、选择自由。

艺术追求的演变与自我革命

朱青生:大家可能会想,我作为一个艺术史的教授,为什么会来想这些问题,其实有一个直接的专业原因,即我们今天的艺术发生了一个重大变化。过去的艺术是有一个标准的,看谁能做得更符合这个标准。比如我们做一尊蔡元培先生的雕像,如果有一个人能够把它做得很像,体现出了人物的精神,我们就说他是一个艺术家。那在什么评价标准中说他是一个好的艺术家呢？在西方写实-再现艺术史的评价标准中，能够做得很像，很能反映对象的精神，而其所用的技术越简单、越概括，他的本事就越大，成就就越高。所以过去西方经典艺术的评价标准就是，艺术家用最简括的方式达到了最高难度的一种艺术创造，我们就说它是艺术上的成功，这种东西就是技艺。当然，在中国的写意-表现艺术史的评价标准中，作品做得像不像对象完全不重要，书法作为造型艺术就没有对象。所以这里所说的"艺术"是指技艺问题。当然思想的问题要另说，因为一个艺术品后面的思想问题涉及面太广，甚至在某些时候还和政治问题、社会问题相联系。

但是后来艺术改变了。在率先现代化的西方，艺术改变是从凡·高那个时候开始的，艺术已经不以再现技艺的水平为主要评价标准了。过去把客观的东西做得像，就是艺术。但是机械再现的新媒体——摄影术和照相机发明以后，人们就不觉得这个有难度了。达·芬奇创作的《蒙娜丽莎》，至今都被奉为经典；而在今天，我们每个人拿一部手机就能拍出许多很好的肖像照。可能你这一张拍得不够好，但是你可以拍一万张！其表达对象的能力在这个意义上就比当年的伦勃朗、达·芬奇还要充分，也就是说这件事情被结构性地替代了，过去在艺术中追求的这个方向被替代了。

另一个情况是，过去我们说艺术都是为了审美，制造出好看、令人愉悦的东西。自从抽象艺术发明以后，人们把做一个好看的东西变成了一种工业，叫设计。从设计衣服到城市规划，已经不属于纯粹艺术的范畴，而是属于文化产业的范畴。

现代化发生之后，艺术追求的方向被结构性地替代了。凡·高所代表的现代艺术革命的出现，提升了人的创造力在艺术的本质中的作用。创造力成为艺术经过自我革命之后的主导任务。今天艺术活动的主要任务，并不是要完成一个作品，而是在以艺术为理由和名义的这个行当中更有效、更明显地彰显创造力。这样一来，艺术的主导任务就应该扩展到所有人。今天艺术创作是要培养一个有创造力的人，一个艺术家应该具有一种现代艺术精神。因为现代艺术的每一件作品都不能照着一个规范来做，而是强调突破。如果这条路走不下去，能不能换另外一条路，这不就跟我们刚才所说的要对所有的东西保持怀疑所需要的气质和状态相一致了吗？所以在天下所有行当中，只有一个行当是以创造力为专门目标的，这就是我们当下意义上的当代艺术。

要知道，批判的力量来自创造力，而创造力是在我们所说的当代艺术中获得训练和提高的。这两样东西加在一起，会使我们人类变得相对来说趋向完整、完美。

中国的三种艺术家：从古典到当代

学生：当代艺术其实是一个有创造力并且以创造为主要目标的领域。对于这一点，中国当代艺术家的意识或认识是什么样的？

朱青生：这是一个很具体的问题，当代艺术家指的是谁？中国比较特别的是有三种艺术家。第一种艺术家主要是以恢复传统的光辉为目标来做艺术的，主要涉及国画和书法。中国的书画和我们今天所说的艺术的概念不一致，后者是从外来词翻译过来的，引进以后就把中国自己原有的部分遮蔽、压抑和破坏掉了。怎么破坏呢？比如说我们引进一个观念叫作现实主义，然后有一个方法被引进来，叫作写生，就是照着真人画。现在画国画的人都是照着真人画，实际上书画里面古代（唐朝开始，元朝完成）发展形成的精华的部分都没有了。

这个精华的部分是什么呢？是笔墨，是用最为微妙丰富的人为痕迹进行诗意的表达，不拘泥于描绘对象。中国有个画家会画竹，叫郑板桥。你拿郑板桥画的竹子到我们旁边的竹林去对照，会发现他画的不是或者说不像真的竹子，那他到底画的是什么呢？其实他画的是一套关于竹子的符号，或者说他画的是像竹子的一套"文字"，而且不是画，是写。这一套符号系统的排列，就写出了他的心境和他的感觉。这就是传统的中国画。中国画后来受到了西方写实绘画技术的压抑,不少人想要恢复它,但是现在说要恢复的人能不能真的恢复它呢?这里面有一个大的文化难题,就是怎么让艺术家回到当年的"状态"。当年的郑板桥主要有两样本事:一是诗意,一是书法。所谓诗意,就是说一个人光有对天地的理解是不够的,天地之间的问题无非就是时代问题、文化问题。有部分艺术家经常把文化问题表述成江山,把时代问题表述成风雨。在江山与风雨之外有不得已之处,还是无法把你自己全身心的感觉都概括起来,这个部分就是诗意,况周颐称之为"词心"。古代写诗的人都理解这一点。对存在的一种深刻的体验和悲凉的感觉就是所谓的诗意。那么书法是什么呢?书法就是通过人为的方法留下人思考和体验的存在的痕迹。笔墨是人类的共同遗产,在原始洞窟壁画中,野牛、驯鹿等写实造型之外,还有点与线。写意具有自旧石器时代以来就有的普遍价值,书写汉字使得"书法"在这个方向达到了精美和极致。

　　写意关系到作为叙写的主体的品味、性格、修养和才气,古人说有什么样的人品就有什么样的画品,你画出什么东西来都无所谓,你哪怕就只画一笔,所有东西都在里边了。就像王羲之写字,王羲之写字的间架、结构是很容易学到的,应该说在古代的时候,每个人,甚至小孩子,很早就可以模仿出王羲之写字的结体。但是王羲之写得好,并不是他的字的构成和制作的技术好,这个技术比较容易就能达到,而主要指的是他心中的诗意,一种对存在的体验,以及通过他的字所能够表达出的那种复杂心绪的能力,这两样东西随着人的状态变化可以有无限的高度。这个东西不可言说,不懂的人看去是好,但是不知道好在哪儿,越懂越觉得好。这是中国艺术本来的特点。

第二种艺术家就像美院系统科班出身的油画家,他们能画得像。这项技术是从外国引进来的,从达·芬奇一直到德拉克洛瓦的《自由领导人民》。这种艺术发展成熟于另外一个系统,代表人物主要有李叔同、徐悲鸿和吴作人等。他们负笈留学,学会了这一套方法,带回中国来教。李叔同是在日本学的,他回来在浙江省立两级师范学校里教学,影响不大。徐悲鸿是在巴黎国立高等美术学院学习以后,回国在国立中央大学里教学,国立中央大学是当时最高等级的院校,他后来又相继主持北平艺专、中央美术学院(1949年11月,北平艺专与华北大学三部美术系合并,成立国立美术学院,1950年1月正式定名为中央美术学院),因此影响比较大。

徐悲鸿主要学的是西方艺术中写实造型的这一部分。什么叫写实造型呢?假设我们眼睛闭起来,我们是可以"摸"到一个形体的,大家能够想象出来。一个形体,我看不见它,但这个形体有一个造型。如果我们能用笔把这个形状画出来,这就是素描。而我们平时眼睛看得到的,实际上是光投射到形体上反射到我们眼睛里面的，这叫色彩。素描的本质和色彩的本质在艺术中不同。徐悲鸿把素描学得很好，在法国留学期间素描画得很漂亮。他当时没有完全学到油画色彩，后来就派一批学生去学，其中学得最好的是吴作人。他在巴黎和比利时学到了油画色彩（当然基础是素描），还在油画方面得了比利时布鲁塞尔皇家美术学院的第一名，时称"桂冠生"，这说明他比同时期的欧洲人都画得好。吴作人把这些学到的本领带回来教，先在国立中央大学，后来就到北平艺专、中央美术学院。徐悲鸿1953年过世；1958年，吴作人任中央美术学院院长。此后很长一段时间，中央美术学院的教学思路除"苏派"之外，都由吴作人领导和主持。李叔同、徐悲鸿和吴作人等几代人把西方学来的东西变成中国艺术学院的一套系统，实际上中国的艺术学院就等于学的西方油画这一套，跟我们刚才讲的中国画写意系统关系不大。

这两种系统的杰出人物我们都称为艺术家，但是严格意义上来说，他们都不是现代意义上的艺术家，而是传统意义上的美术家，他们是按照我一开始就讲的已经确立的古典方法做艺术的。他们做的艺术并不是他们创造出来的艺术观念，而是他们学习、继承来的艺术方法。

第三种艺术家是什么呢？就涉及刚才你问的这种艺术。你大概是想确定在西方和中国的艺术传统之外，有一批这样的人做艺术，他们能行吗？他们自己能意识到这一点吗？

我们应该说他们做得还行，不仅大师迭出，而且成就辉煌。现在中国的当代艺术在世界范围内也已经达到了一流水平，跟世界同辈的艺术家是在同一水平线上。他们自己意识到了这一点吗？可以说有一部分人已经意识到了。

以当代艺术家蔡国强为例，他有件精彩的作品叫《晴天黑云》。他每天中午用黑色焰火在纽约大都会博物馆屋顶上空制造一朵黑云。这个东西到底是不是艺术呢？在传统艺术中无法定义，因为他对艺术的本质进行了一些探索和突破，所以他也得到了艺术史极大的认可，并且在世界范围内广受欢迎。他在西方艺术的最高殿堂古根海姆博物馆里曾开过个展——20世纪艺术史上只有最重要的艺术家能够在活着的时候有这样的待遇。这个例子就是要说明中国艺术家的水平、名声、创造力和自觉程度都达到了现代艺术的前沿水平，而不是把艺术停留在对西方已经做过了的东西的学习和模仿之上。现代艺术有些现成的方法，不少艺术家考虑的只不过是"做什么"的问题（如揭露现实、批判社会）。而今天我们更期望艺术家发展"怎么做"的问题，这就是当今在艺术上追求的一个方向。

在今天的艺术市场上，前两种艺术家都有大量受众，相关作品市场价格高昂，当然是因为国内文化水平与财富发展不相称所致。而第三种艺术家在世界上影响比较大，世界艺术史界一直说中国的文化是"三千年和三十年"——"三千年"（我们讲五千年）指的是中国古代文化，"三十年"指的就是中国的当代艺术。当代艺术虽然不错，但还不是很好。所谓"不错"，就是我们已经达到和世界一流水平接近的地步；所谓"不是很好"，就是说我们还没有创造引领世界的机会。引领世界，靠学者单兵突破和学科个别突围是不够的，所以中国当代艺术水平的整体提高有赖于思想界和学术界整体水平的提高。

学生：可以给我们介绍一下您是如何推进这个艺术追求方向的吗？

朱青生：因为我自己同时从事艺术研究和艺术创作，我很想把自己的资源带到北京大学这个平台上来推进。我有很多策划展览的机会，我希望这样的活动不局限于造型，还要包括诗歌，跟这些语言的实践结合起来往前推进。

推进哪一方面呢？我的目标非常清晰：艺术是激发人的创造力和自觉的机会。不要让艺术家过于优先于观众去传达意义。说起来好像很复杂，但其实也简单。我认为人的最后一个"不平等"是人生来的创造力和感受能力、行为能力的不平等。这种不平等使一部分人成为艺术家，成为自己精神的主人，成为人群的意见领袖和心灵导师，而使另一部分人被压抑为观众，不能自觉，只能觉悟。觉悟是被别人唤醒的，就不是自我觉悟。没有自觉的人不是别人的传声筒，就是他人的应声虫。我认为艺术上存在人与人的不平等，已经成为一种习惯。很多人后来甘愿成为"羊群"（"粉丝"），被别人驱使着。这个重大的文明问题需要被解决。所以我现在推进的艺术的方向就是：第一，一件艺术品做出来要让别人觉得它有意思，想去理解它，即使没有理解它真正的意思也无妨；第二，它不应该在技术上形成一种压制和压抑，不能一味让人感动、沉迷。人性不能被诱惑，也不能被笼罩。艺术应该让观众在面对这样的作品时，马上能产生自我的一种批评意识、创造冲动、尝试兴趣，想要立即参与，形成这样一种"成为艺术家"的状态。创造这种"建造自觉的机会"才是艺术之价值所在。

当代艺术的建设性：推进灵魂与思维边界

学生： 我们对当代艺术的一个印象经常是破坏性，不仅是说对社会制度或者现存思想的破坏性，有的时候可能也是对个人生活的破坏性。古典艺术尽管存在一些问题，但如果家长让孩子学艺术的话，全都学的是古典艺术，没有人让他们学当代艺术。为什么当代艺术能够在这样一个处境下发展起来？

朱青生： 我刚才讲的"三十年"的当代艺术，其实中国的知识界、思想界对它并不是很了解和理解，所以我很希望你们这一代弥补上一代人的缺憾，能够了解。从我1987年到北大教书开始，一直都是教"当代艺术"（80年代称"现代艺术"），已经教了三十多年了，效果不见得好，但是也不坏，因为我总是想着教出来的学生就可以潜移默化地改造社会,所以我一直很努力地在教学。我们的处境并不乐观,整个中国知识界、文化界包括艺术界对于当代艺术普遍缺乏了解和理解,不过情况在发生变化。

一是中国的艺术学院正在改变。曾任中央美术学院院长的潘公凯、曾任中央美术学院副院长的徐冰、曾任中国美术学院院长的许江、曾任天津美术学院院长的邓国源,以及现任中央美术学院院长的范迪安,都是当代艺术的积极推动者。范迪安跟我是同学,20世纪80年代我们就在一起搞现代艺术运动。可见,院长们已经开始转变为关注和推动当代艺术,大家(也包括我)共同努力推动当代艺术在中国的发展。80年代我作为一个主要领头人,在北大尝试开展过中国的第一个行为艺术。那是1986年12月做的《观念21》,或许可算作中国行为艺术史上一个重要转折点的作品,当时登上了《中国美术报》的头版。但这个事情在北大发展不太顺利,那个时候当代艺术还不太能够被大众所接受。现在已经发生了根本变化,当代艺术以"实验艺术"为名成为全国美展的一部分。2014年,在全国美展中首次专门开辟了当代艺术的展区,叫"实验艺术展区"。这个真的是天翻地覆的变化。

另一个推动当代艺术发展的事件是2013年教育部在"普通高等学校本科专业目录"中增加了当代艺术的专题,也是以"实验艺术"为名,现在有些学校已经在招生,中央美术学院原来的实验艺术系现在也成了实验艺术学院。更有意思的是，在邓国源担任天津美术学院院长期间，天津美术学院成立了实验艺术学院，有1000多个学生，这是全中国最大的当代艺术教育基地。

当代艺术走进了全国美展，也走进了教育部的学科目录，这些都是近年来的变化。当代艺术不仅仅是一个专业，更是一种态度。我建议同学们都来了解当代艺术。当代艺术可以让人具备一种创造力，这种创造力并不是一种技术，也不是一种知识，而是一种素质。有了创造力，就可以做各种事情。创造力不是天生的，而是被激发和训练的结果。

关于你的问题，什么叫作破坏？也许很多人会觉得艺术家的生活都是"乱七八糟"的，当然也有很多非常"整齐"的艺术家。其实艺术家里各种特点的人都有，各种习惯的人都有，但可能因为极端的例子比较有意思，大家就容易记住。如果万事皆为寻常，我们要艺术家干什么？

比如谢德庆的行为艺术作品《打卡》《笼子》。你说这样的艺术有没有破坏性？有。但是它还有深刻的建设性。这就是当代艺术，不是给你一个玩的东西，而是促进你寻找灵魂和思维的边界。这就是我们所说的艺术变了。对于当代艺术，我们更应该强调它作为人的素质的意义。如果在基础教育中引入包含当代艺术的公民美育，那么中国可能就不会出现"山寨"——精神和技术模仿者、投机取巧之辈，因为公民美育会教导我们：为了利益占取和模仿别人做过的事情是羞耻的。

艺术的训练与价值

学生：按照您的说法，当代艺术是往前的，它并不需要学习过去的艺术，因为它是一个往前推的过程。那为什么还要学习历史呢？是不是知识束缚了我们？我们需要知道我们被什么束缚了。

朱青生：当代艺术并不是不需要学习过去的艺术。艺术史是通过艺术映照人类的文明。艺术家都要研究艺术史，是因为需要先了解过去，才能知道怎样进行观念和样式的革新。无论作品是小是大，我们都需要对艺术史有深入的学习。另外，艺术是有技术问题的。如何展示才能取得精神上的影响力，这是要训练的。比如说，我在德国时很容易辨认出客籍工人及其家属。通过身上穿的衣服是辨认不出来的，因为蓝领工人赚钱很多，所以衣服都是买现成的。但是他们没有机会受教育（包含美育），看看他们手上拿什么包就知道他们有没有受过教育。受过教育的人宁可拿竹篮子，也不拿和衣服的款式、质料、颜色没有关系的包。这就是普遍的美育训练。艺术专业必须做这种训练，才能形成仔细的判断和微妙的推进。

学生：当代艺术涉及社会现实，是否与当代社会个人的公民意识有关？是否意味着社会的限制是无法摆脱的？

朱青生：当代艺术是当代社会人之价值体现的结果。

人的理解和社会的现实发生矛盾的时候会呈现出冲突性，常常是尖锐的和批评的部分会成为作品。从另外一方面看，这不是对社会的批判和反映，是对人类未来社会的呼吁和建造，有建设性。艺术家为社会建造新的理念，比仅仅批判社会更为积极。

学生：艺术家如何引领公众的审美意识？是不是价格越高的艺术品的艺术价值就越高？

朱青生：价格与艺术价值关联不大；诗意是最高的艺术，是无价的。艺术史家评价艺术，一方面在历史纵向的经验中进行检验，另一方面也在同时期的同行中做平行比较。艺术品卖多少钱，只是一种营销，是市场估价，不是艺术评价。法国索邦大学的一任校长，原来是研究葡萄酒的。他写过一本关于葡萄酒与经济发展的书。2005年我在索邦做客座教授的时候，他让我带话给北大学生说，到法国来不要学技术，要学哲学与艺术史。他强调，复杂的情况最后的差别只有一点点，但是这一点点很珍贵，越到后面差别越小、越难。这就是现在评价东西的标准。

艺术也是这样。最好的艺术家与一般好的艺术家相差不大，差距就只有一点点。达·芬奇比同代人只好一点点，但他就是大师，比他差一点点的艺术家大家就记不住。现在我们有成千上万的艺术家，可能最好的艺术家就比普通的艺术家好一点点，但是人们就愿意为这一点点赋予注意和尊敬。这是一个很奇怪的状态。大概其比较珍贵吧。好的艺术家可遇不可求。据说,米开朗琪罗有时候画完看着自己的作品会发出感慨:"画得真好,这是我画的吗?"好的作品可能就在这样不经意之间出现。

朱青生与学生合影

微语录

※ 追求真理是科学的目标,但是科学永远是一个不断证伪的过程。我们现在追求的所谓科学的真理,以后可能被证明是错的。

※ 我们对别人的理解应该建立和保持在对别人的尊重之上,不要干预、探测和介入别人的信仰系统,保持自己对他者的无知。这就形成了人与人之间真正

的、有适当距离的和谐。有了距离，我们保持了对自己的克制，才会有共存的余地。

※ 我们过去都以为知识就是真理，学知识总是好的。其实任何好的事情里边都包含着隐患，知识也附带其悖论。

※ 某些知识形成的过程并不是真的为了摆脱愚昧，可能是各种势力较量、妥协和造作的结果。知识形成的过程充满权术，从这个意义上说，知识是被人的意志、愿望、贪念、情欲调节和设置的一份记录。

※ 我们首先要有质疑精神，才会有创造力。创造力可以打破一切理念和知识对我们现有的局限和限制，不停地让我们站在一个突破和超越的立场上，从而使我们保持不断开放和永远自由的状态。

※ 在我看来，当代青年学生判断的能力、审时度势的智慧、不间断的行动能力和奉献精神与80年代的大学生是一样的，只是机遇和形态随时间在演变。

※ 过去西方经典艺术的评价标准就是，艺术家用最简括的方式达到了最高难度的一种艺术创造，我们就说它是艺术上的成功，这种东西就是技艺。在机械再现的新媒体——摄影术和照相机发明以后，再现对象这个方向被结构性地替代了。

※ 凡·高所代表的现代艺术革命的出现，提升了人的创造力在艺术的本质中的作用。创造力成为艺术经

过自我革命之后的主导任务。

※ 当代艺术强调批判力和创造力。这两样东西加在一起，会使我们人类变得相对来说趋向完整、完美。

※ 中国的传统绘画不以画得像为标准，而重在笔墨，用最为微妙丰富的人为痕迹进行诗意的表达，不拘泥于描绘对象。郑板桥画的竹子，不是或者说不像竹林里生长的真的竹子。他画的是一套关于竹子的符号，他用这套符号系统表达自己的心境和感觉。

※ 中国传统绘画中最美之处在于诗意。诗意是通过书法将意念与思想带入绘画，寄托和表达对存在的一种深刻体验和悲凉的感觉。诗是人表达复杂心绪的能力。体会绘画中的诗意是一个无尽的过程，自我得达到一定的水平才体验得到更高的高度。

※ 通过人为的方法留下人思考和体验的存在的痕迹，就是书法。笔墨是人类的共同遗产，在原始洞窟壁画中，野牛、驯鹿等写实造型之外，还有点与线。写意具有自旧石器时代以来就有的普遍价值，书写汉字使得"书法"在这个方向达到了精美和极致。

※ 人的最后一个"不平等"是人生来的创造力和感受能力、行为能力的不平等。这种不平等使一部分人成为艺术家，成为自己精神的主人，成为人群的意见领袖和心灵导师，而使另一部分人被压抑为观众，不能自觉，只能觉悟。

※ 艺术应该让观众在面对这样的作品时，马上能产生自我的一种批评意识、创造冲动、尝试兴趣，想要立即参与，形成这样一种"成为艺术家"的状态。创造这种"建造自觉的机会"才是艺术之价值所在。

※ 当代艺术或许偶有破坏性，但是更有深刻的建设性，它不仅仅是一个专业，更是一种态度。

※ 当代艺术可以让人具备一种创造力，这是一种素质，而不是技术和知识。有了创造力，就可以做各种事情。创造力不是天生的，而是被激发和训练的结果。

※ 如果在基础教育中引入包含当代艺术的公民美育，那么中国可能就不会出现"山寨"——精神和技术模仿者、投机取巧之辈，因为公民美育会教导我们：为了利益占取和模仿别人做过的事情是羞耻的。

※ 当代艺术并不是不需要学习过去的艺术。艺术史是通过艺术映照人类的文明。艺术家都要研究艺术史，是因为需要先了解过去，才能知道怎样进行观念和样式的革新。

※ 当代艺术是当代社会人之价值体现的结果。

※ 艺术史家评价艺术，一方面在历史纵向的经验中进行检验，另一方面也在同时期的同行中做平行比较。艺术品卖多少钱，只是一种营销，是市场估价，不是艺术评价。